一招制敌
徒手格斗大全

美国陆军部 / 编　李旭大 / 译

本书教你 230 种最有效的自卫方式

DEAL
THE FIRST DEADLY
BLOW

北方文艺出版社

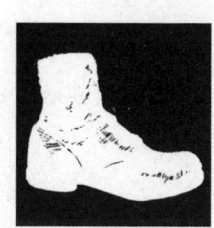

图书在版编目（CIP）数据

一招制敌：徒手格斗大全 / 美国陆军部编；李旭大译. — 哈尔滨：北方文艺出版社, 2016.11（2021.8重印）

ISBN 978-7-5317-3703-2

Ⅰ.①一… Ⅱ.①美…②李… Ⅲ.①格斗–基本知识 Ⅳ.①G852.4

中国版本图书馆CIP数据核字（2016）第198797号

一招制敌：徒手格斗大全
YIZHAOZHIDI TUSHOU GEDOU DAQUAN

编　者 / 美国陆军部
译　者 / 李旭大

责任编辑 / 王金秋	封面设计 / 烟　雨
出版发行 / 北方文艺出版社	邮　编 / 150008
发行电话 /（0451）86825533	经　销 / 新华书店
地　址 / 哈尔滨市南岗区宣庆小区1号楼	网　址 / www.bfwy.com
印　刷 / 河北京平诚乾印刷有限公司	开　本 / 710mm×1000mm　1/16
字　数 / 150千	印　张 / 16.5
版　次 / 2016年11月第1版	印　次 / 2021年8月第4次
书　号 / ISBN 978-7-5317-3703-2	定　价 / 49.00元

目　录

第一章　序言　　1

2 / 目的和范围
2 / 训练须知

第二章　基本原则　　3

4 / 概述
4 / 动用一切可以动用的手段
7 / 以最大的力量攻击敌人最薄弱的部位
7 / 保持身体平衡
9 / 冲力
9 / 准确与速度

第三章　人体要害部位　　10

11 / 概述
11 / 人体部位
11 / 训练中的注意事项
14 / 攻击头部和颈部
22 / 攻击躯干部位
30 / 攻击肢节部位
36 / 运用随手可取的武器攻击敌人要害部位

第四章　倒功　　39

40 / 概述
40 / 右侧倒地姿势
41 / 左侧倒地姿势
41 / 右倒练习
43 / 左倒练习
44 / 后倒姿势
45 / 后倒练习
46 / 倒功练习

第五章　摔打基础　　47

48 / 概述
48 / 臀部顶摔（右或左）
51 / 臀部转动顶摔
55 / 过肩扛摔
58 / 过头摔
62 / 绊腿摔
65 / 由后摔

第六章　基本摔打动作的各种变化样式　　67

68 / 臀部顶摔变化
71 / 臀部转动顶摔变化
73 / 过肩扛摔的变化
75 / 背后锁喉摔打

第七章　擒拿　　77

78 / 概述
78 / 正面卡脖
80 / 揪领卡脖
81 / 双手交叉揪领卡喉
82 / 别臂按头
84 / 扼背
85 / 背后锁喉
87 / 双腕锁擒

第八章　反擒拿　　91

92 / 概述
92 / 破解卡喉
94 / 另一种破解卡喉方法
96 / 身体被按靠在墙壁上时的破解双手正面卡喉
98 / 破解正面臂上箍抱
101 / 破解正面抱腰
103 / 破解双手抓单腕
106 / 破解抓两腕
109 / 破解由后单臂锁喉
112 / 破解由后连臂箍抱
116 / 破解由后臂下箍抱
120 / 破解由后臂下箍抱的另一种方法

第九章　持刀攻击　　123

124 / 概述
124 / 持刀方法
126 / 攻击姿势
128 / 姿势变化
130 / 正面攻击
135 / 由后攻击

第十章　夺刺刀　　139

140 / 概述
140 / 对付突刺
144 / 对付突刺的第二种方法
147 / 对付突刺的第三种方法
150 / 对付冲刺
155 / 对付冲刺的第二种方法

第十一章　夺枪　　160

161 / 夺枪的速度
161 / 正面夺步枪
165 / 夺背后步枪
169 / 正面夺手枪
173 / 正面夺手枪的第二种方法
175 / 对付背后手枪
179 / 对付背后手枪的第二种方法
182 / 对付背后手枪的第三种方法

186 / 对付颈后手枪
189 / 对付颈后手枪的第二种方法
192 / 对付颈后手枪的第三种方法
195 / 协助同伴
198 / 对付敌以手枪对准格斗者和同伴的方法

第十二章　夺刀　　　　　　　　　　202

203 / 对付下刺的方法
208 / 对付下刺的第二种方法
210 / 对付上刺的方法
213 / 对付上刺的第二种方法
217 / 对付上刺的第三种方法
219 / 对付谨慎接近之敌

第十三章　摸哨　　　　　　　　　　221

222 / 概述
222 / 掰钢盔折脖
224 / 用钢盔击头
226 / 用绳索或铁丝单手勒脖
228 / 用绳索或铁丝双手勒脖
230 / 其他方法

第十四章　搜身　　　　　　　　　　231

232 / 概述
232 / 搜身的规则

232 / 搜身技术
233 / 持长枪搜查俯卧的俘虏
234 / 持长枪搜查跪下的俘虏
235 / 持手枪搜查斜倚的俘虏
236 / 持手枪搜查站立的俘虏
238 / 对多名俘虏进行搜查

第十五章　捆绑俘虏　　242

243 / 概述
243 / 腰带捆绑法
246 / 鞋带捆绑法
249 / 牵引捆绑法
250 / 捆猪法
251 / 手巾钳口法
252 / 棍棒堵口法
253 / 胶布堵嘴法

附录　　254

255 / 徒手格斗教练须知

第一章

序言

本书主要介绍在徒手格斗中如何运用拳击、摔跤、扭打、扛摔、还击、腿功、臂功及其他动作来制服敌人的方法；讲述如何将器械当作有效武器来使用的方法。徒手格斗始终强调的就是积极进攻，只要采取正确的进攻方法，就可将敌制服。

2／目的和范围
2／训练须知

1 目的和范围

本书主要介绍在徒手格斗中如何运用拳击、摔跤、扭打、扛摔、还击、腿功、臂功及其他动作来制服敌人的方法；讲述如何将器械当作有效武器来使用的方法。徒手格斗始终强调的就是积极进攻，只要采取正确的进攻方法，就可将敌制服。

2 训练须知

一个只学会使用基本武器的普通士兵，在不能开枪或武器破损的情况下，如果他具有徒手格斗的技能和与敌人格斗的勇气，就可与敌搏斗并战胜敌人。进行格斗训练有很多方面的好处：它是一种提高身体素质和强健体魄的运动；它可以增强士兵在单兵作战时与敌搏斗的勇气；掌握进攻与自卫的格斗技术，将增强你与荷枪实弹的敌人遭遇时与其搏斗的信心；尤其是在夜间巡逻或在必须悄然行动的情况下，它更是一种有效的手段。徒手格斗技术既适用于前线部（分）队，也适用于后方人员用以对付敌人可能采取的渗透、空降和游击战。

第二章

基本原则

学习徒手格斗技术，应当遵循以下五条基本原则：

1. 充分利用一切可以利用的手段；
2. 以最大的力量主动攻击敌人最薄弱环节；
3. 攻击敌手使其失去身体平衡时，要保持自身的平衡；
4. 善于借助敌人之动作来增强自己的力量；
5. 在熟练掌握各基本动作的基础上，经过不断实践，提高攻击速度。

4 ／ 概述
4 ／ 动用一切可以动用的手段
7 ／ 以最大的力量攻击敌人最薄弱的部位
7 ／ 保持身体平衡
9 ／ 冲力
9 ／ 准确与速度

1 概述

学习徒手格斗技术,应当遵循以下五条基本原则:

1. 充分利用一切可以利用的手段;
2. 以最大的力量主动攻击敌人最薄弱环节;
3. 攻击敌手使其失去身体平衡时,要保持自身的平衡;
4. 善于借助敌人之动作来增强自己的力量;
5. 在熟练掌握各基本动作的基础上,经过不断实践,提高攻击速度。

2 动用一切可以动用的手段

1. 进行徒手格斗时,你的生命随时处于危险之中,因此,应动用一切可以动用的手段,将敌制服。可朝敌脸上撒扔沙土,用挖堑壕的工具、钢盔或皮带打击对手。如果无任何器具可以动用的话,则应假装投掷东西的样子,使敌人的手收回或遮护要害部位。如果敌人果真上当,则可趁此对其发起迅猛攻击,并将其置于死地。

2. 如无任何东西可充当武器,则应运用你自身的武器,如:

(1) 手掌外侧(见图1)

手指紧紧并拢伸直,使手掌外侧尽量坚硬;拇指紧贴食指。以此种手掌击敌,可使其伤残。

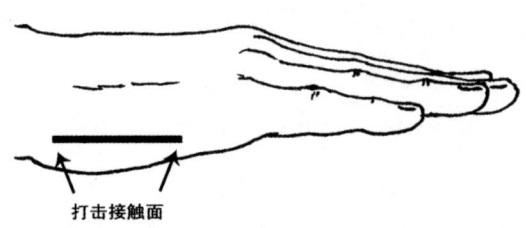

图1 手掌外侧

（2）小拳（见图2）

普通拳头的打击面约52平方厘米。如握成小拳，以手指第二关节构成的打击接触面则约为13平方厘米。用这样的小拳头打击敌人，其着力更强。握拳时，拇指紧扣食指将手绷紧，腕关节要保持挺直。

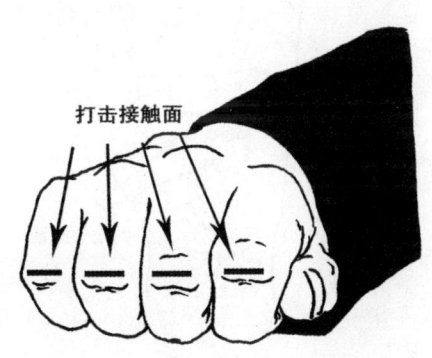

图2　小拳

（3）拳尖（见图3）

握拳时，折叠中指的第二关节，相邻两个手指的第二关节楔牢中指两侧；拇指末端紧扣中指指甲，并使腕关节保持挺直。以凸出的指关节打击敌人全身最容易受伤的部位。

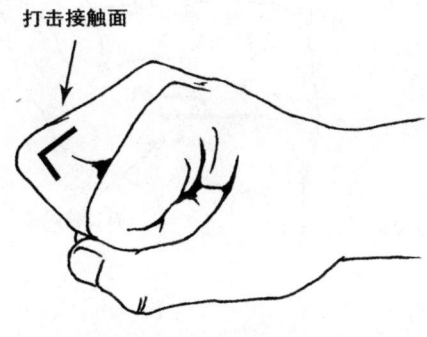

图3　拳尖

（4）实拳（见图4）

以拳头的小指外侧击敌，犹如锤子砸冰。以此方法打击敌人的太阳穴，可使其毙命。

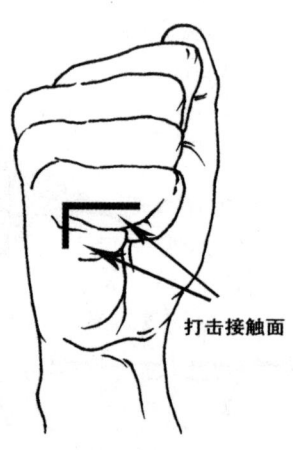

图4　实拳

（5）掌后部（见图5）

手指微曲，手掌后仰，尽量使掌后部坚硬。以掌后部打击敌人，往往比用拳更能奏效；卷曲的手指可挖敌人的眼睛，或攻击敌人脸上的其他部位。

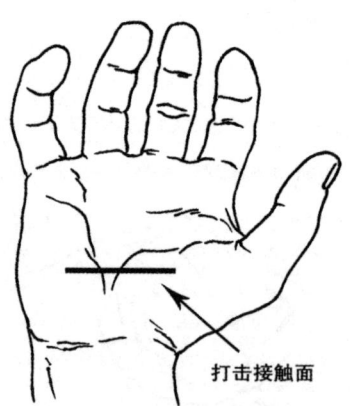

图5　掌后部

（6）用靴踹（见图6）

用靴子的内、外侧蹬踹比用靴尖踢更为有效，因其蹬踹的接触面大，用以攻击敌人手部较小和突出外露的骨骼最为适宜；而用靴尖踢时，接触面太小。

图6 靴

（7）其他

此外，还可运用膝、肘、肩、头及牙齿等作为武器，将敌制服。

3　以最大的力量攻击敌人最薄弱的部位

以最大的力量攻击敌人最薄弱的部位这一作战原则，也同样适用于单兵格斗。无论在何种情况下，敌人总有容易受到攻击的易伤部位。依据情况，以最大的力量主动攻击敌人最容易受伤的部位，可获速战速胜之效。积极进攻是徒手格斗的关键，因为只有积极进攻才能制服敌人。

4　保持身体平衡

1. 保持自身的平衡，而使敌人失去平衡，是格斗中克敌制胜的一个重要法宝。与敌人遭遇时，迅速摆出防守姿势，以全面自卫（见图7）。这种姿势就像拳击手一样，能迅速反击，运动自如。两脚分开且与肩同宽，左脚跟与右脚尖大致在同一直线上；如你是左撇子，则左脚在后。上体前倾，双膝微屈。双手成立掌，距脸部约15厘米，指尖与眼睛同高，掌心相对，掌外侧向前，面向敌人。防守姿势是与敌人展开搏斗前最好的平衡姿势。按照本教材所规定的动作进行训练，保持自我平衡并使敌失去平衡的能力便可得到提高。

2.搏斗时，脚掌略斜向外侧，以保持身体平衡；向敌人攻击时，可以靠大吼来震慑对方，造成其精神紧张而失去平衡。

图 7　防守姿势

5　冲力

善于借用敌人的冲力是徒手格斗的另一原则。无论何时与敌人格斗，你都应假定他比你强壮，尽量避免立刻与敌人进行体力的较量。要利用敌人的冲力和体力，将其制服。比如，当敌人冲过来时，可迅速闪过他的打击，或向一侧跨步并将其绊倒。

6　准确与速度

与敌人格斗时，你几乎没有停下来进行思考的时间，各项动作都必须达到不用琢磨即可出手的程度。因此，在开始学习格斗时，一招一式都要求准确无误，在准确掌握的基础上，再通过不断练习来提高速度。对本教材中所举的大部分操练动作，若想成功使用，需要牢记出招速度是至关紧要的。

第三章

人体要害部位

要害部位指的是人体最易因遭受打击或挤压而致伤的部位。了解并学会攻击这些要害部位，再有了克敌制胜的勇气和信心，你就能在格斗中迅速将敌制服，甚至置之于死地。

11／概述

11／人体部位

11／训练中的注意事项

14／攻击头部和颈部

22／攻击躯干部位

30／攻击肢节部位

36／运用随手可取的武器攻击敌人要害部位

1 概述

1. 要害部位指的是人体最易因遭受打击或挤压而致伤的部位。了解并学会攻击这些要害部位，再有了克敌制胜的勇气和信心，你就能在格斗中迅速将敌制服，甚至置之于死地。

2. 许多人攻击敌人时，往往喜欢首先用拳击其上下腭。其实，这是最不高明的一招。要知道，最有效的做法则是击其要害部位。采取这些行动时，不能拖泥带水，犹豫不决。

2 人体部位

人体可分为三大部分：头和颈部、躯干、四肢。其各部分的要害部位（见图 8）如下：

头和颈部	躯干	四肢
耳	锁骨	手指
太阳穴	腋窝	手腕关节
眼睛	太阳神经丛	肘关节
鼻梁	腹部	肩关节
上唇	裆部	膝关节
下巴	肋部	脚腕关节
喉结	腰部	脚背
咽喉	脊椎	
颈侧		
颈背		

3 训练中的注意事项

只要轻轻压迫或打击要害部位，就可能致人伤残或死亡，因此在练习打击这些要害部位时，动作务必轻巧，并通过训练逐步加重打击力量，切记不可误伤假设敌。

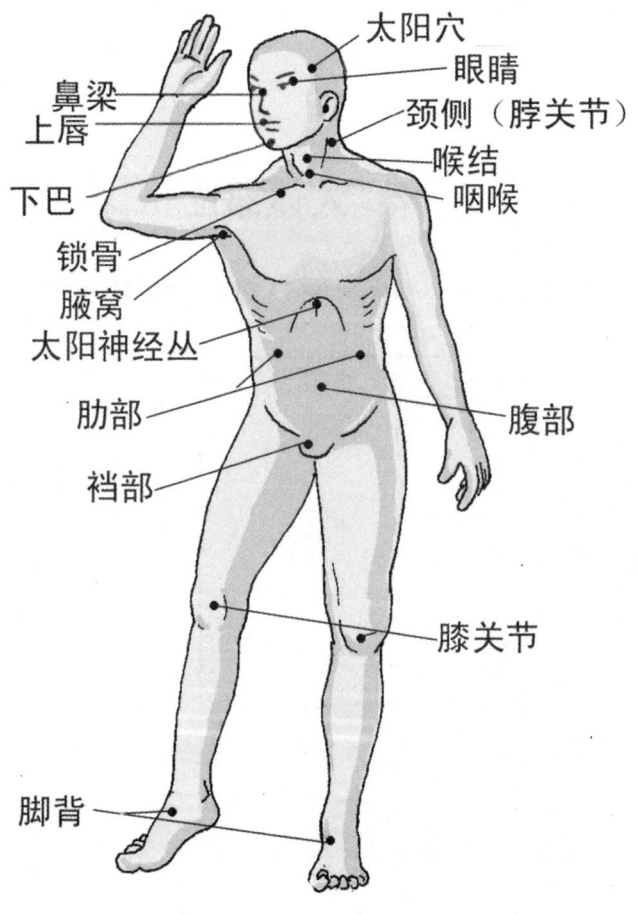

图8 人体要害部位图（前）

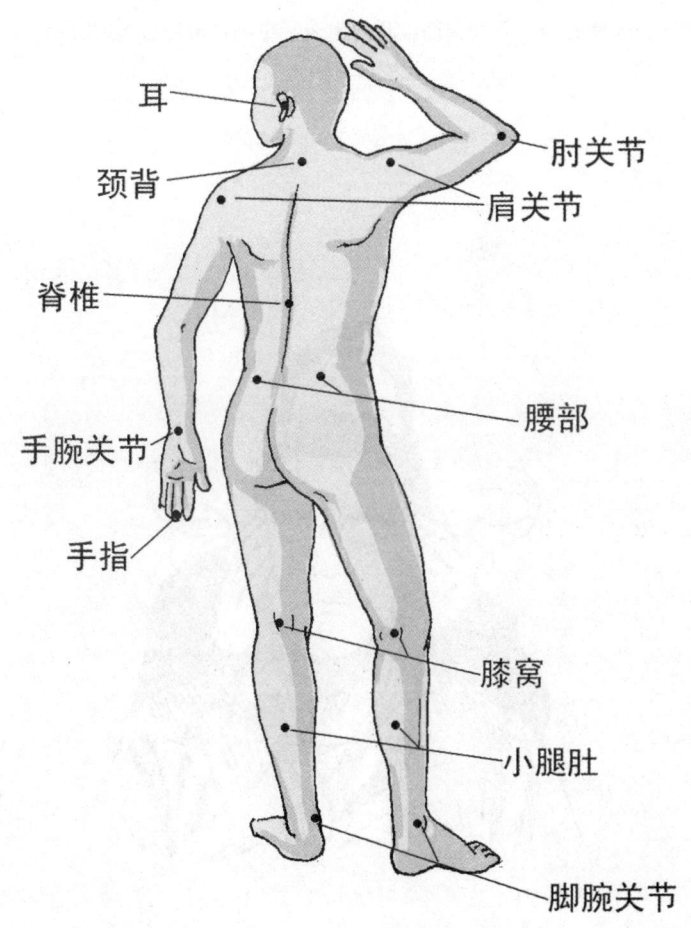

图8　人体要害部位图（后）

4 攻击头部和颈部

1．耳

两手作杯状，同时拍击敌双耳（见图9），这是极具危险性的打击：轻则会击穿敌人的耳膜，使其神经受到损伤或耳内出血，重则足可使敌人脑震荡，甚至一命呜呼。

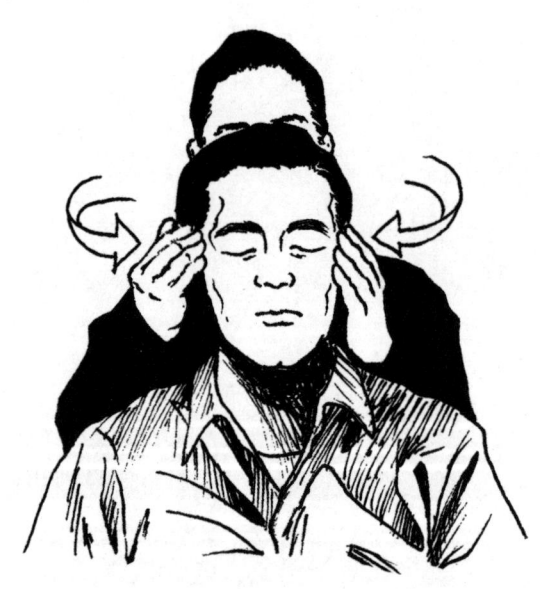

图9　以手作杯状拍击敌两耳

2. 太阳穴

打击太阳穴，可使敌人死亡或造成脑震荡（见图10）。此部位骨质脆弱，且有一条动脉和大量神经集中于皮下。打击太阳穴，通常用掌外侧或拳头，也可以用肘猛戳。如敌人被击倒在地，则可以用足尖踢其太阳穴。

图10　太阳穴是脆弱点

3. 眼睛

使敌人致盲的方法颇多。有一种方法称，以食指和中指成"V"形刺入敌双眼，手指和手腕要挺直（见图11）。也可以用相邻的两个手指的第二关节猛戳其眼窝，还可用拇指或其他指头去挖敌人的眼睛。

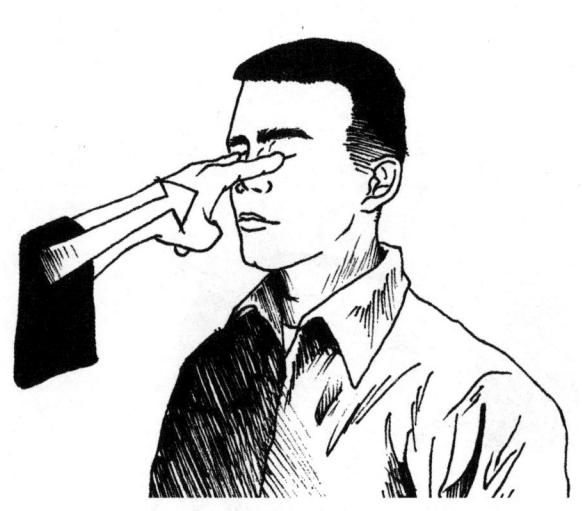

图 11 用手指猛戳敌眼睛使其致盲

4. 鼻

打击敌人的鼻子时，通常以掌外侧或拳头横击敌人的鼻梁（见图12），可击碎其鼻骨，使其疼痛难忍并暂时失明。如猛烈打击，可将骨头碎片楔入敌脑使之立刻毙命，如距敌人太近，则可用掌下部向上顶击敌人的鼻子。

第三章 人体要害部位

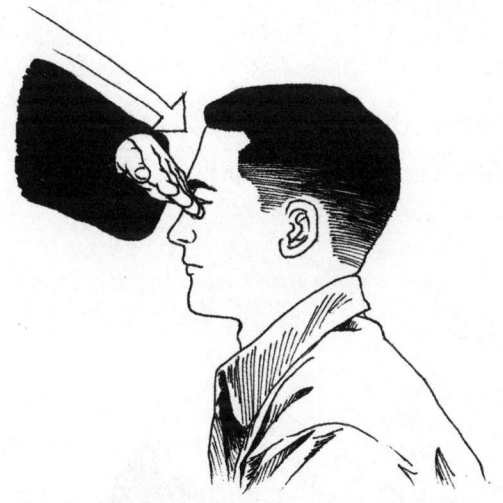

图 12 猛击敌鼻梁将其制服

5. 上唇

上嘴唇是鼻软骨与硬骨的连接处，此处神经接近皮层，是脸部的要害部位。可用角度稍向上的手掌外侧猛击敌人上嘴唇。重击能使其昏厥，轻击也能使其感到剧痛（见图 13）。也可用小拳戳击。

图 13 上唇是易伤部位

6．下巴

用手掌的后部打击敌人的下巴，要比用拳头打击敌人的下巴更为有效（见图14），因为用拳头猛击可能会折损自己的手指头。

图 14　用掌后部击敌下巴

7．喉结

用手掌外侧砍击敌人喉结处（见图15），重击可置敌人于死地，轻击则可使其疼痛难忍。还可根据敌人摆出的姿势，用拳、脚、膝攻击敌人喉结部位。另一个有效办法，就是用手指卡或抓敌人的喉结。

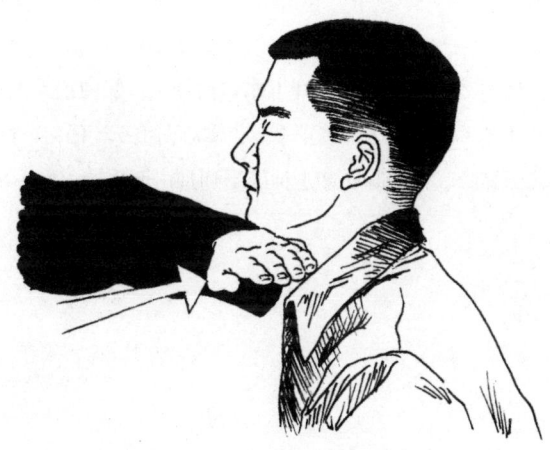

图 15　打击喉结

8. 咽喉

一个破解敌人擒拿的方法，是迅速挺直一只或两只手指，直戳其咽喉下部凹处（见图 16）。如此一戳，可使敌人感到剧痛，或窒息、咳嗽；如果刺破咽喉皮层，敌人的伤势会更严重。

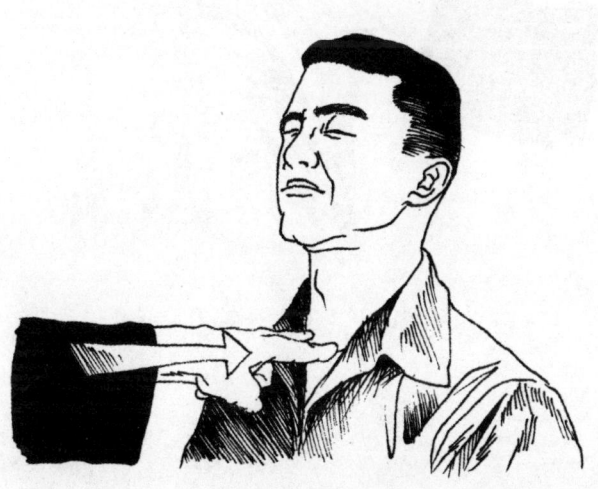

图 16　直戳咽喉

9．颈外侧

用手掌外侧猛烈砍击敌人的颈外侧（耳下略靠前处），能使敌人失去知觉（见图17）。无论使用反手掌（掌心向下）或正手掌（掌心向上），任何一种方法均可。经此一击，敌人将因颈静脉、颈动脉和迷走神经受到打击而昏迷，但不至于毙命。

图17　打击颈外侧

10. 颈后部

用手掌外侧或拳外侧猛砍敌人颈后部，能使敌人当即毙命（见图18）。当敌人低头向前或未用手保护其上部时，通常采用此种方法。如敌人已被击倒在地，则可用靴尖、靴后跟踢踹或以手掌外侧砍击他的颈后部。

图 18　打击颈后部

5 攻击躯干部位

1. 锁骨

以手掌外侧向下用劲,直砍敌人锁骨部位,可打断敌人锁骨并使其瘫倒在地(见图19)。如果敌人比你矮小,则可用肘关节猛击他的锁骨处。

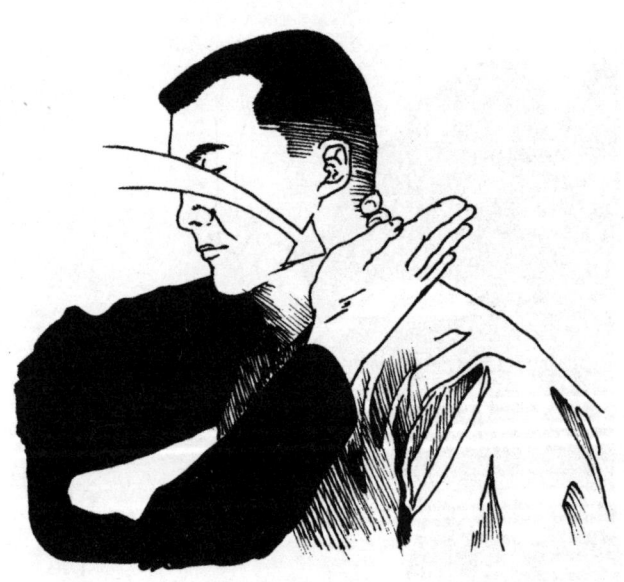

图19 打击锁骨

2. 腋窝

腋窝皮下有一条粗大的神经。打击敌人腋窝,可使其产生剧痛和短暂的局部瘫痪。如果敌人已被击倒在地,则可用靴尖猛踢他的腋窝(见图20)。

图20 打击腋窝

3. 太阳神经丛

太阳神经丛位于肋骨以下心窝处。打击这一部位，需用尖拳猛戳（见图21）。用尖拳打击太阳神经丛这样的小目标具有较强的穿透力，比用拳头和手掌外侧更为有效。对太阳神经丛的任何一种具有穿透力的打击，都可使敌人产生剧痛，或向后趔趄，或瘫倒在地；猛烈打击，可置敌人于死地。

图21　打击太阳神经丛

4. 腹部

用小拳（拳棱）猛击敌人腹部，可迫使敌人松手（见图 22）。如敌人屈身向前，则可用膝顶撞其脸，或用手猛击他的颈后部；用小拳的指关节击敌人比用肘关节或拳头更具有穿透力；以靴尖踢或以膝顶撞，也可使敌人伤残。

图 22　打击腹部

5. 裆部

如距敌人很近，最有效的手段是击他的裆部。可用膝向上狠狠顶撞他的裆部（见图23）；也可用拳击、手掌外侧砍、脚尖踢、脚跟踹或抓裆的方法将敌人制服。

图23　打击裆部

6. 肋部

可从正面或背后攻击敌人肋部，如有可能，最好攻击他的右肋部。因肝脏位于右侧肋骨下部，此处遭受打击，肝脏必将严重损伤。打击此部位时，用手掌外侧（见图24）、拳外侧、折叠拳的第二指关节、脚后跟、脚尖或膝盖均可。

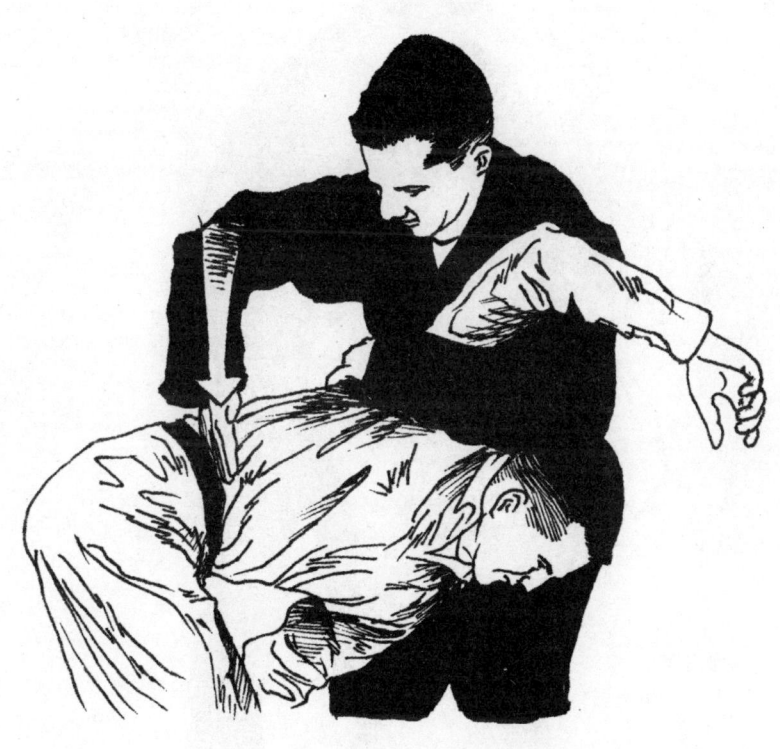

图 24　打击肋部

7. 肾部

肾部皮层下有一些从脊椎骨分支的大神经。打击敌人的这个部位，可使敌人肾脏损伤，并引起严重的神经震动，或至少需要医生救护。打击时，通常使用手掌外侧（见图25）、折叠拳的第二指关节、拳头外侧、膝盖或靴尖等。

图 25　打击肾部部位

8. 脊椎

脊椎里是脊髓。打击这个部位，可使敌人脊椎关节脱位，导致瘫痪或死亡。如果敌人已被打倒在地，即可用膝、肘、脚跟、脚尖击敌人（见图26）。打击的最好部位是腰带上方7～9厘米处，因为此处防护最弱。

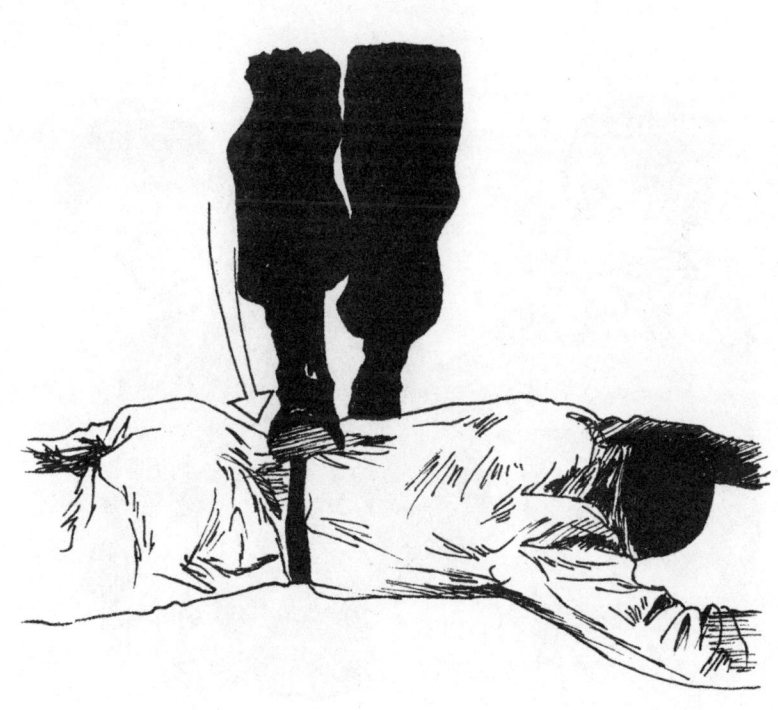

图26 打击脊椎

6 攻击肢节部位

1. 指关节

当敌人从背后抱住你的腰部时,破解的方法是用一只手抓住敌人一个手指,另一只手则紧紧抓住其手腕(见图27);在将敌人手腕下拉的同时,将其手指作反关节掰压,以折其指。

图 27　折别手指

2. 手腕关节

将敌人手腕向任何方向狠劲折掰，能够使敌人疼痛难忍。掰腕时，将双手之拇指置于敌人手掌背部，将其手腕掰向前臂方向成直角，以此法可制服敌人（见图28）。

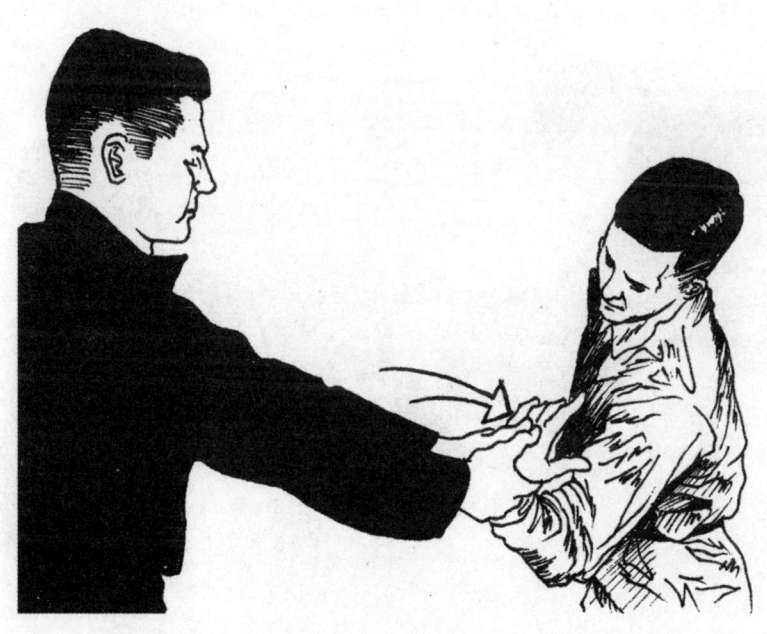

图28　折别手腕

3. 肘关节

肘关节是人体的脆弱部位，如重击这个部位便能使它脱臼。可用手抓住敌人手腕或小臂并向后拉掰，使其臂膀挺直（见图 29），与此同时，以手掌后部、手掌外侧或膝盖猛击其肘关节。

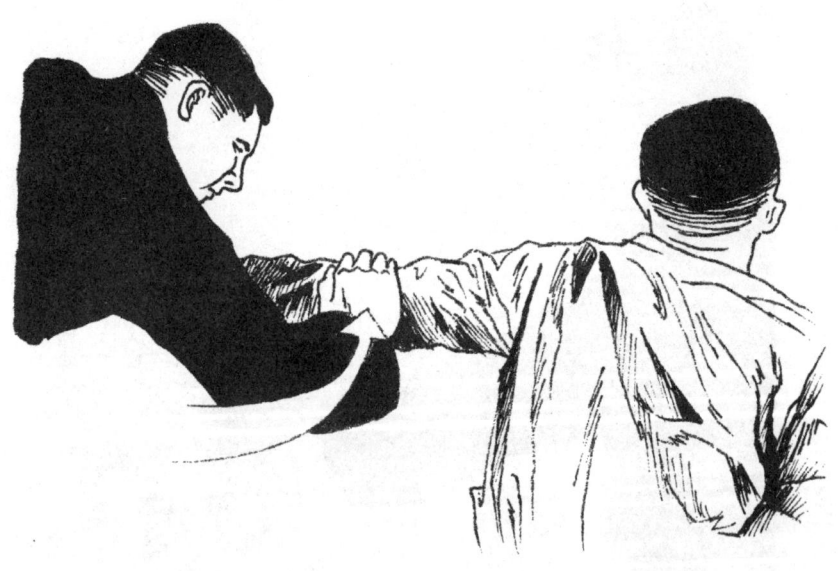

图 29　折别肘关节

4. 肩关节

敌人被击倒后，可用一膝顶压其肩膀处，同时将其手臂后掰，致使其肩关节脱臼（见图30）；或重击敌人脊椎处，造成其瘫痪或当即毙命。

图30　打击肩关节

5. 膝关节

用脚侧踹敌人膝关节或膝盖骨（见图 31），能踹裂其韧带和软骨，使其剧痛和不便行动。如处于敌人背后，直接踹踢其膝后部，可伤其肌肉和神经。

图 31　打击膝关节

6. 踝节部

如要伤敌人踝节部，应以脚外侧踹蹬敌人踝节部外侧，而不是用脚尖踢，以免使敌人滑脱而不会受到损害。

7. 脚背

以脚猛跺敌脚背，可使其脚背小骨断裂，造成剧痛和不便行动（见图32）。当面对敌人时，可用左脚外侧猛跺其左脚背，或以右脚外侧蹬跺其右脚背，这样在转体时便于保护裆部；随后还可蹬踹其踝节部位。

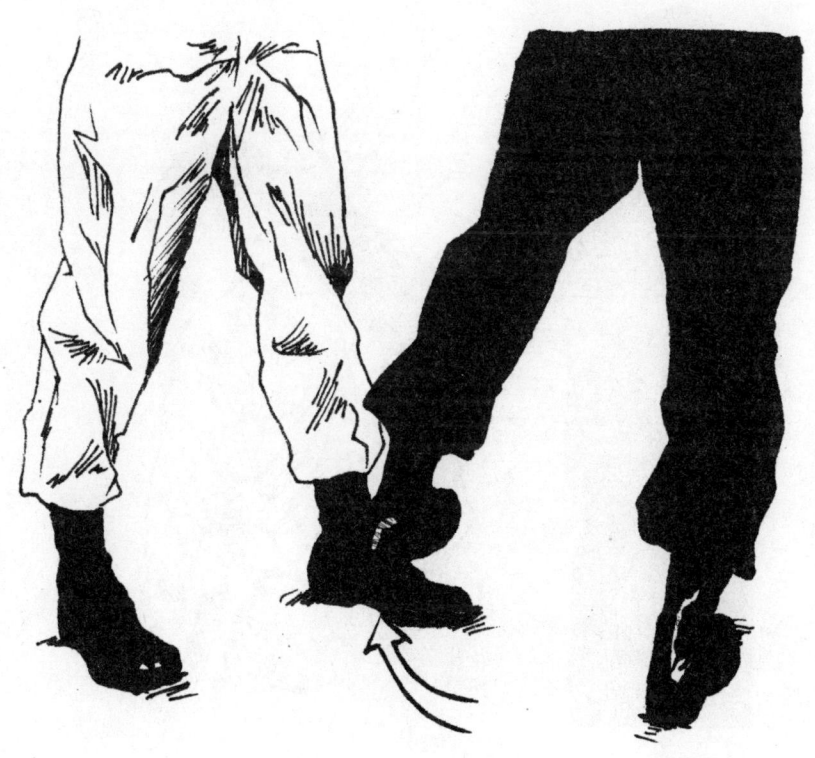

图32　蹬跺敌脚背

7 运用随手可取的武器攻击敌人要害部位

1. 刺刀柄

以刺刀柄作为钝器敲击敌人头部，可将其制服。握刀时，刀柄末端要略凸出小指外侧。（见图33）。

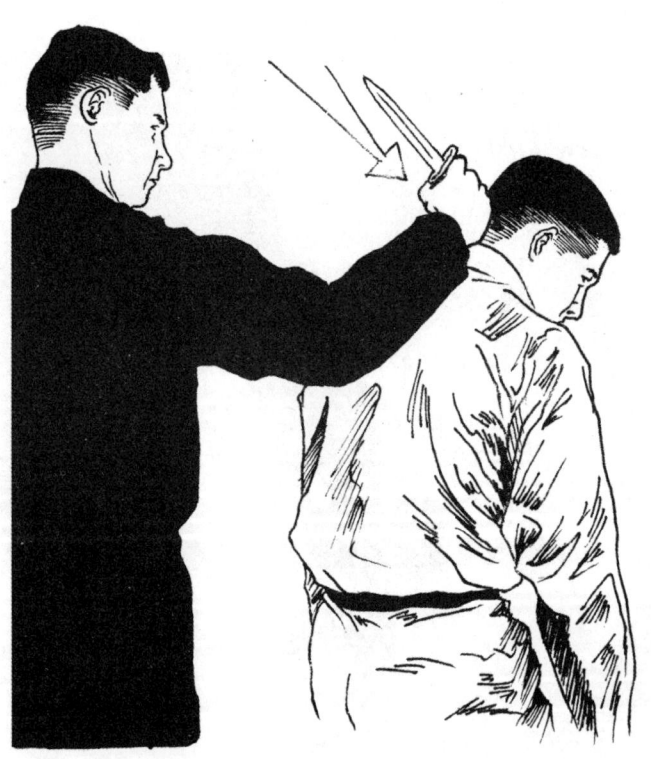

图33 以刺刀柄打击敌人

2. 土造的棍棒

在长袜中装上湿沙或成条的肥皂，末端结牢，即可把它作为棍棒来使用。用它打击敌人脑后部可收到极好效果（见图34）。

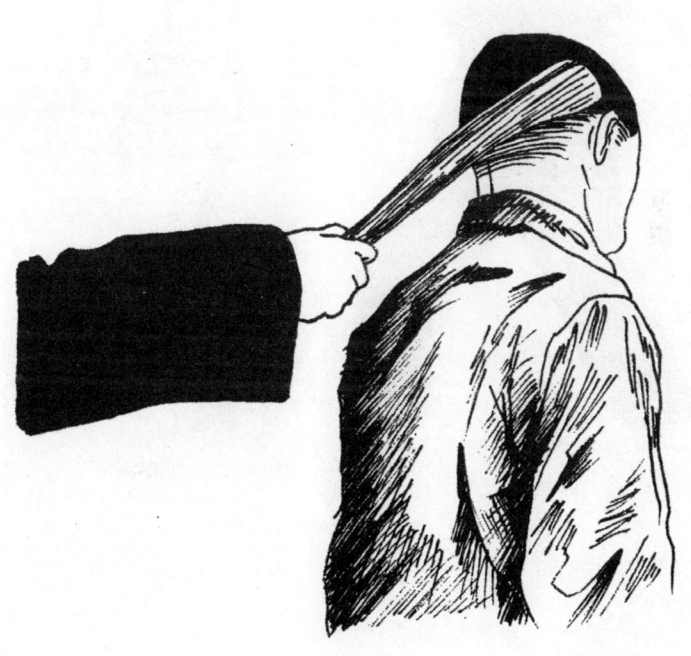

图 34　用土造棍棒击敌

3. 钝器

用钝器（如斧子的钝头或枪托）打击敌人两个肩胛骨之间的脊骨，既可避免发出响声，又能置敌人于死地（见图35）。

图35　用枪托击敌

4. 其他各种器具

如手中无任何武器，在很多情况下，仍可找到任意一种物件，如：挖壕沟的工具，一块石头，一根手杖，一截木棍等。用这些东西猛烈而集中地打击敌人的要害部位，也可使敌人致残或致死。

第四章

倒 功

在学习徒手格斗的摔打动作之前，必须学会各种倒地姿势，并经常练习。只有这样，才不至于在被敌人摔倒在地时受伤。

40 / 概述
40 / 右侧倒地姿势
41 / 左侧倒地姿势
41 / 右倒练习
43 / 左倒练习
44 / 后倒姿势
45 / 后倒练习
46 / 倒功练习

1　概述

在学习徒手格斗的摔打动作之前，必须学会各种倒地姿势，并经常练习。只有这样，才不至于在被敌人摔倒在地时受伤。

2　右侧倒地姿势

学习右侧倒地姿势（见图36）须遵循以下几点：

1. 左脚掌先行着地，以承受着地冲击力，左脚掌在右膝一侧平踏地面。
2. 右臂为"扭打"臂，顺地面平伸，与身体成45度角，掌心向下，手指并拢伸直；右臂与左脚同时着地，和左脚共同承受着地时的冲力。
3. 下巴紧缩胸前，脖颈绷紧，以防头部磕碰地面而致伤。
4. 左臂横护脸部，以预防左肘部损伤并保护头、咽喉部位，免遭敌人打击。
5. 整个身体右侧紧贴地面，右膝微屈，以免右腿受伤。

图36　右侧倒地姿势

3 左侧倒地姿势

左侧倒地姿势(见图37)所遵循的方法与右侧倒地姿势相同，只需将其中的"左"变为"右"、"右"变为"左"即可。

图37 左侧倒地姿势

4 右倒练习

1. 开始时姿势（见图38）

首先，仰躺在地；然后以左手和左脚为支撑，使身体离地；右臂横着保护脸部，右腿挺直与地面平行或略高于地面。

2. 右倒技巧

左臂部和左腿微弯，使整个身体向左倾斜，眼睛透过肩部注视地面情况。与此同时，右臂用力向右摆动，并借助左臂和左腿强有力的挺伸，使身体上举并迅速向右翻滚。右手和左脚首先着地，以减缓倒地的冲力；下巴紧缩胸前，以免头部因磕碰地面而受伤；整个倒地姿势如图 36 所示。

右侧视

左侧视

图 38　右侧倒地开始时姿势

5 左倒练习

左侧倒地的开始姿势（见图 39）和实施动作（见图 37），与右侧倒地相同，只将其中的"左"变为"右"、"右"变为"左"即可。

左侧视

右侧视

图 39 左侧倒地开始时姿势

6 后倒姿势

练习后倒姿势时（见图 40）应注意以下几点：

1. 双脚分开约与肩同宽，小腿与地面垂直，以减缓倒地的冲击力。
2. 双手掌心向下，与双脚同时着地，两臂挺直与身体成 45 度角，臂和肩接触地面，以减缓倒地的冲击力。
3. 收腹，避免臀部触地，以防脊椎受伤。
4. 下巴紧缩胸前，避免头部触地。

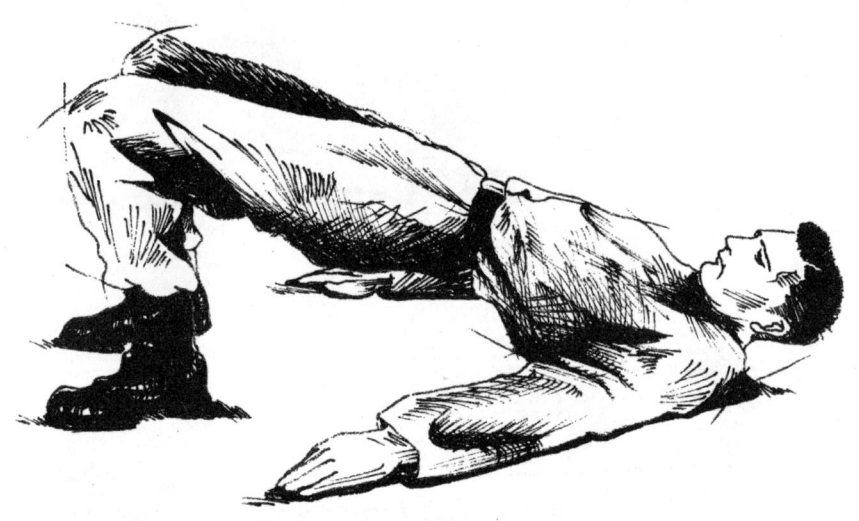

图 40 后倒姿势

7 后倒练习

1. 开始时姿势（见图41）

两手置于双膝之间成蹲势，双掌平按地面，手指相对；弓背，并将下巴紧缩胸前，以防头部磕碰地面。

2. 后倒技巧

向前翻筋斗。前翻后，双脚掌着地与肩同宽，两手掌同时拍地，掌心向下；两臂伸直与身体成45度角；下巴仍紧缩胸前，以防头部磕碰地面。倒地后的姿势如图40所示。

图41 后倒练习开始姿势

8 倒功练习

1. 右侧倒

开始时成站立姿势，举左臂过头，掌心向左；向前跨若干步以增加冲力，一旦左脚落地，即将上举的左臂向下成弧形摆动以便向前翻筋斗。前翻时，下巴紧缩胸前；猛地将弯曲的双腿挺出以推动身体，同时以左脚掌及右手掌撑地以承受倒地冲力。整个倒地姿势请参看图 36。

2. 左侧倒

左侧倒姿势与右侧倒姿势相同，只将其中的"左"变为"右"，"右"变为"左"即可。

3. 后倒姿势

开始时成站立姿势并向前跨若干步以增加冲力。具体实施方法请参看"练习后倒姿势"一节。

第五章

摔打基础

在徒手格斗中,有时需要将敌人摔倒以后才能攻击其要害部位。常用的摔打方法有:臀部顶摔、臀部转动顶摔、过肩扛摔、过头摔、绊腿摔、由后摔等。学习摔打,应先学会这些基本方法,再学新的摔打变化动作。

48 / 概述

48 / 臀部顶摔(右或左)

51 / 臀部转动顶摔

55 / 过肩扛摔

58 / 过头摔

62 / 绊腿摔

65 / 由后摔

1　概述

在徒手格斗中，有时需要将敌人摔倒以后才能攻击其要害部位。常用的摔打方法有：臀部顶摔、臀部转动顶摔、过肩扛摔、过头摔、绊腿摔、由后摔等。学习摔打，应先学会这些基本方法，再学新的摔打变化动作。

1. 速度是摔打制敌的首要因素，但在训练中，尤其应该强调动作的精确性，一招一式都应重视。只要完全掌握了这些动作，速度便可通过不断的练习而得到提高。

2. 初训时，假设敌人不会进行抵抗，他只需与训练对手密切配合，完成好倒地姿势，而让对手准确地做好摔打动作即可。

3. 左、右摔的动作是相同的，只需将"右"换成"左"，"左"换成"右"即可。

2　臀部顶摔（右或左）

1. 开始时面向敌人成防守姿势，左脚置于敌左脚内侧前；同时，以左手掌后部猛顶敌右肩并揪抓其衣服（见图42）。这样一击可使敌失去平衡。

2. 以左脚为轴向左转动180度；同时，右臂搂住敌腰部，双臂猛力前拉将敌拉至己方右臀部，使其离地悬空。在完成此项动作时双膝应曲（见图43）。

3. 迅速伸直双腿，用臀部猛顶敌腰部；与此同时，向前弯腰并用双手往前往下猛拉将敌摔倒在地（见图44）。即以臀部为支撑点，将敌顶在右臀部上（而不是腿外侧），最后将敌摔倒在地成左侧倒姿势，而后攻击敌要害部位。整个动作，均应保持自身平衡。

第五章 摔打基础 49

图42 右臀部顶摔（1）

图 43 右臀部顶摔（2）

第五章 摔打基础　51

图44　右臀部顶摔（3）

3　臀部转动顶摔

1. 开始时面向敌人成防守姿势，比臀部顶摔距敌人略近；左脚向前跨一大步，置于敌人右脚外侧数厘米处，身体重心大部分落于左脚；与此同时，左手猛击敌人右臂上部并牢牢抓住此部位（见图45）。这一招式可使敌人失去平衡而后仰。

2. 右脚绕敌人跨步置于其身后，同时右臂抱住敌人腰部；臀部尽量向右挤转，与敌人屁股相对，将敌人拉向自己的右臀部使其悬空；然后以左肘夹住敌人右臂（见图46）。

3. 伸直双腿，以右臀部为支撑点将敌人猛地摔在地上（见图47）。务必记住，应将敌人置于右臀部，而非右腿外侧，始终换抓敌人右臂；将敌人摔倒成左侧倒姿势。格斗中，此招可置敌人于昏迷状态，并可随意打击他的要害部位。

52

图 45 臀部转动顶摔（1）

第五章　摔打基础　53

图 46　臀部转动顶摔（2）

图47 臀部转动顶摔（3）

4 过肩扛摔

1.开始时面向敌人成防守姿势。这一节的开始动作及步法,均与右臀部顶摔的技巧相同。左脚置于敌人左脚的前内侧。与此同时,以左掌后部狠击敌人右肩,并牢牢抓揪其衣服(见图48)。

图48 过肩扛摔(1)

2. 以左脚为轴向左转体 180 度，并在转身之时始终以右臂护住头、颈部位。靠近敌人，并以右手抓揪其右肩，然后用双手牢牢揪住此处；在完成转体的同时，将敌人前拉并将其腰部置于自己的臀部处（见图 49）：右脚位于敌人右脚之前并稍靠外侧，臂肘紧靠自己的身体，两膝弯曲。

图 49　过肩扛摔（2）

3. 双腿伸直,弯腰,两手往前下方猛拉,一下子将敌人扛上肩,并将其仰摔在地(见图50)。

图 50 过肩扛摔(3)

5 过头摔

1. 应用这一扛摔方法时应当充分借助敌人的冲力。开始时以防守姿势面对敌人，距敌人五六步；当敌人冲来时，即可牢牢地蹬住他的腹部（见图 51）。

图 51 过头摔（1）

第五章　摔打基础　59

2.双手始终牢牢抓住敌人的衣领，脚掌牢牢蹬住敌人腹部；借助敌人的冲力，用手猛拉敌人并用脚将他蹬起，使他悬空；同时，趁势后坐，待臀部着地成坐地姿势时，继续向后滚翻，直到背部和肩部着地（见图52）。

图52　过头摔（2）

3. 双手把敌人牢牢抓住不放，弓背，双臂回拉，双肩着地的同时用脚猛蹬敌人腹部，将其蹬向空中，敌人摔下后便成后倒姿势（见图 53）。

图 53　过头摔（3）

3. 双手牢牢抓住敌衣领，使自己完成后翻动作，并骑坐在敌胸部之上（见图54）。

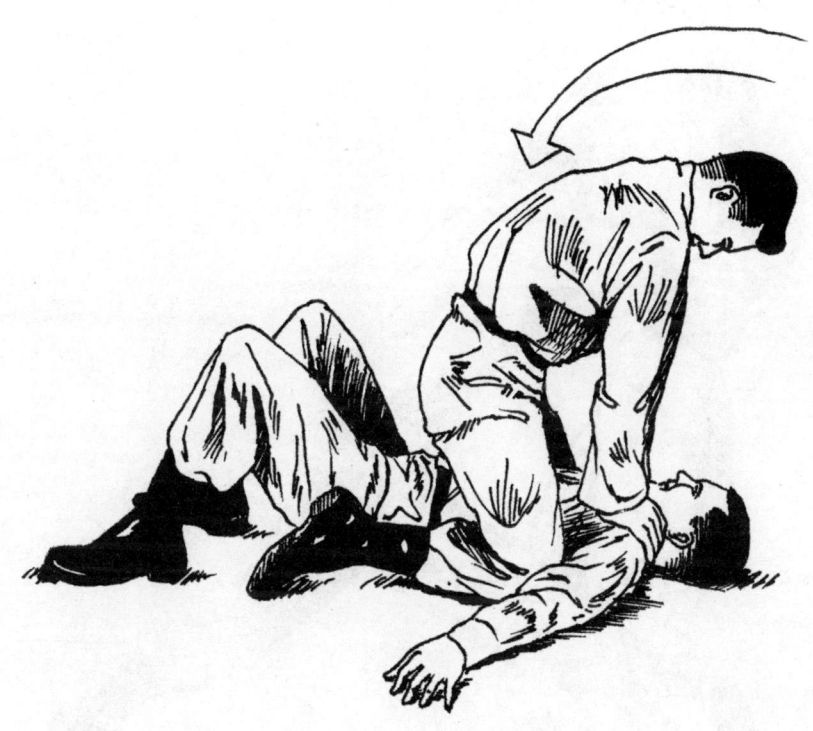

图54 过头摔（4）

6 绊腿摔

1. 开始时面对敌人成防守姿势,然后左脚跨出置于敌右脚外侧,迅速以双手掌跟猛力击敌双肩并抓住其衣服。此一击可使敌失去平衡而后仰(见图55)。

图 55 绊腿摔(1)

第五章　摔打基础　　63

2. 身体前移，重心置于左脚，两手始终抓住敌人肩部；在转移身体重心的同时，右腿向前成弧形，在自己的左腿和敌人的右腿之间摆动（见图56）。

图56　绊腿摔（2）

3. 抬起自己的右腿猛向下后方踢去，并用小腿部猛力击打敌人的小腿；在击中其右腿的同时，猛推敌人的肩部，将其摔倒在地（见图57）；接着猛击敌人要害部位。

图57 绊腿摔（3）

7 由后摔

1.开始时为防守姿势,站在敌人的背后,面向其背部;然后左脚向敌人跨步,置于其左脚稍后处,同时双手迅速举起,手掌向下,放到敌人双肩上方的地方(见图58)。

图58 由后摔(1)

2. 用脚踹敌人的膝窝，同时用双手猛力抓住敌人双肩并向右后拉，使敌人失去平衡（见图59）后仰摔在地。当敌人倒地时，随即用膝顶撞其头颈部位，使其顿时失去知觉。

图59　由后摔（2）

第六章

基本摔打动作的各种变化样式

基本摔打动作可以发展出各种变化样式,但万变不离其宗,打好基础最重要。

68／臀部顶摔变化

71／臀部转动顶摔变化

73／过肩扛摔的变化

75／背后锁喉摔打

1 臀部顶摔变化

1.将敌人的双臂牢牢别住，以右肘压其左臂，以左肘扣挽右臂（见图60）。

图60 臀部顶摔变化（1）

2. 用双手抓住敌人的右手腕,并将臀部作为支撑点(见图61)。

图61 臀部顶摔变化(2)

3. 用右臂搂住敌人的脖颈（代替搂腰），并以左手握右臂来卡紧敌人脖颈（见图62）。

图 62　臀部顶摔变化（3）

2 臀部转动顶摔变化

1. 改变以右臂抱住敌人腰部的办法,代之以锁喉动作(见图63)。

图63 臀部转动顶摔变化(1)

2. 按上述动作搂住敌人的脖颈后，用另一只手握住勒紧敌人颈部的手臂，这是很有力的锁喉动作（见图64）。

图64　臀部转动顶摔变化（2）

3 过肩扛摔的变化

1. 面向敌人，用左手抓住敌人的右手腕。这一动作用于防止被敌人过头扛摔。然后向左转体180度，在转体的同时将敌人前拉。用右手牢牢抓住他的大臂，并将他扛过右肩摔倒在地（见图65）

图65 过肩扛摔的变化——抓敌肩膀

2. 面向敌人，用右手揪住敌人左面的衣领，右前臂顶在敌人右臂的腋窝下部，向左转体180度；与此同时，左手抓住敌人的右肘，并将敌人扛过右肩（见图66），摔倒在地。

图66　过肩扛摔的变化——揪敌衣服

4 背后锁喉摔打

1. 从防守姿势开始,站在敌人的背后,右脚向前跨出一步,置于敌人身后,同时猛然伸出右臂,掌心向下,钩住敌人的颈部,以小臂骨狠击敌人的喉结;用左拳猛击敌人的腰部,使他因失去平衡而后仰(见图67)。

图67 背后锁喉摔打(1)

2. 右臂仍紧紧钩住敌人颈部，左拳顶住敌人腰部，并以头部顶压其头左侧，往后拉，使其始终不能保持平衡而摔倒在地。此时，可以腹部着地，撑在地上，使敌人的背部着地，整个身体与自己成一条直线；同时双腿分开以防敌人滚翻（见图68）。

3. 右臂紧勒敌人喉部，下巴置于右手背，将敌人头部牢牢锁住，右臂猛拉，右肩向上摆动，置于敌人的头后部，其压力足以锁住或抓断敌人的脖颈。

4. 在实际格斗中，从背后向敌人实施凶猛攻击时，可运用上述摔打方法；但在训练中切不可动用此方法，以免假想敌人在仰卧时颈部受伤。

图68　背后锁喉摔打（2）

第七章

擒 拿

擒拿的两个主要目的是：
1. 挤压敌人身体的某些部位，迅速击毙敌人；
2. 抓住敌人，直至能打击其身体各个易伤部位。

78 ／ 概述
78 ／ 正面卡脖
80 ／ 揪领卡脖
81 ／ 双手交叉揪领卡喉
82 ／ 别臂按头
84 ／ 扼背
85 ／ 背后锁喉
87 ／ 双腕锁擒

1　概述

擒拿的两个主要目的是：

1. 挤压敌人身体的某些部位，迅速击毙敌人；
2. 抓住敌人，直至能打击其身体各个易伤部位。

2　正面卡脖

1. 正面卡脖是对付以低姿势正面攻击自己的敌人的最好方法，当敌人向前冲击时，格斗者可用左手猛击敌人右肩，来减缓他的运动；同时以右小臂勒住敌人喉部，将其头部牢牢挟在右臂下，右手死死扣住左手腕关节。运用身体后仰和右小臂上提的挤压方法，可使其窒息（见图69）。

图69　正面卡脖

2. 完成正面卡脖还有另一个更为迅速的动作，那就是用左手牢牢抓住自己的右手掌外侧（见图70），使劲向胸前拉，同时猛地向后仰。只要严格地按照上述方法执行，任何一种卡脖动作都能在十秒钟内使敌人失去知觉；继续以右小臂内侧骨有效地勒住敌人的喉头处，最多一分钟便可使其毙命。

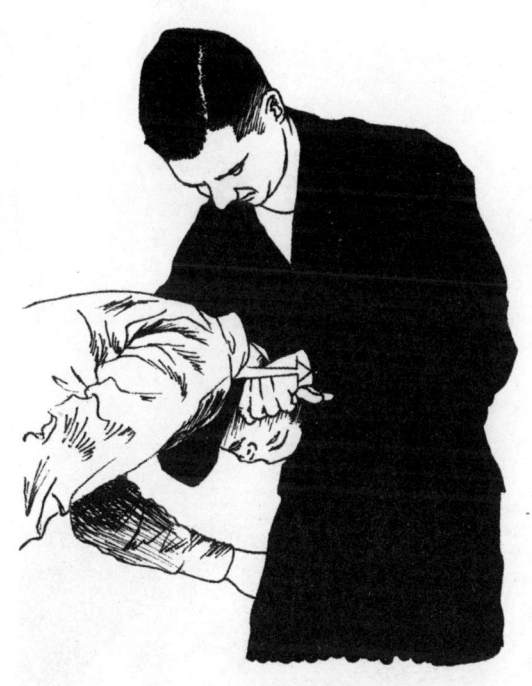

图70　正面卡脖的变化

3 揪领卡脖

掌心向下,双手紧紧揪住敌人的衣领(见图71),以翻领为杠杆,用食指第二关节顶压敌人颈侧的动脉,两拇指由其喉头下部向内侧按压。当敌人倒地和无力回击格斗者的小腹时,运用此招最为有效,它可致使敌人大脑供血中断,失去知觉并最终丧命。

图71 揪领卡脖

4 双手交叉揪领卡喉

此招用于对付不系领扣或穿翻领外衣和夹克的敌人最为有效。实施时，双手从腕部交叉揪住敌人敞开的衣领，拇指在外，其他手指均在衣领内（见图72）；手指拽紧衣领，双手剪卡敌人的喉部。如揪抓得当，可使敌人倒地后不省人事。此种卡喉方法也可从背后实施。即双臂在敌人喉部前交叉揪住其衣服，往后拽的同时双手压迫敌人喉部。

图72 双手交叉揪领卡喉

5　别臂按头

1. 从背后用双臂插入敌人腋下，并将双手置于其头后部，扣紧十指（见图73）。

图73　别臂按头（1）

2. 往下压迫敌人头部的同时向上抬他的手臂（见图74）。

图74 别臂按头（2）

6 扼背

1. 从背后抓住敌人的手或手腕并向后拉,将其小臂别向头部;右手抓住他的肘部并将他的手臂用力上举,即可使其肩脱臼(见图75)。

2. 做正面扼背动作时,则是用双手抓住敌人右手,向左转体180度;转体的同时,将敌人的手臂上举过头,并迅速闪身,跨步立于敌人后侧。

图75　扼背

7 背后锁喉

1.从背后接近敌人的时候,通常采取背后锁喉法。左手拍压敌人后脑的同时,右小臂从右侧横插其脖颈处(见图76)。插入时猛击敌人的喉头,可使他顿时昏厥。

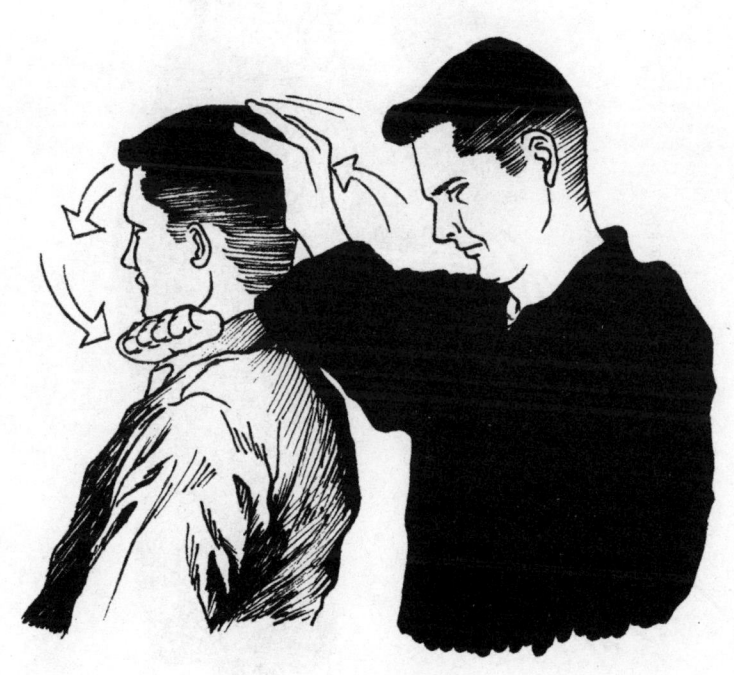

图76 背后锁喉(1)

2.将左肘置于敌人的左肩,右手锁住他的喉(见图77);左手置于敌人头后部向前按压,使他的身体前倾。此招足以折断敌人的脖颈。做此动作时,右小臂骨内侧要始终压住敌人的喉头。

图77 背后锁喉(2)

8 双腕锁擒

1.用左手抓住敌人的右腕,右臂压夹敌人的上臂,然后右手从他的肘弯下伸过去,抓住自己的左腕,以完成双腕锁擒动作(见图78、图79)。

图78 双腕锁擒(正面)

图 79 双腕锁擒（侧面）

2. 完成上一个动作之后,再向后上方扭臂扼背(见图80)。

图80 双腕锁擒扼背

3. 图 81，则是双腕锁擒的另一变化样式。

图 81　双腕锁擒变化

第八章

反擒拿

一旦格斗者被敌人抓住,则应在敌人完成卡压动作之前或刚刚完成之后,迅速让自己脱身。咬、踢或打击敌人易伤部位,均有助于破解敌人的抓揪。等到自己脱身后,应当立即进行防守,同时寻找时机向敌人发起攻击。

92 ／ 概述

92 ／ 破解卡喉

94 ／ 另一种破解卡喉方法

96 ／ 身体被按靠在墙壁上时的破解双手正面卡喉

98 ／ 破解正面臂上箍抱

101 ／ 破解正面抱腰

103 ／ 破解双手抓单腕

106 ／ 破解抓两腕

109 ／ 破解由后单臂锁喉

112 ／ 破解由后连臂箍抱

116 ／ 破解由后臂下箍抱

120 ／ 破解由后臂下箍抱的另一种方法

1 概述

一旦格斗者被敌人抓住,则应在敌人完成卡压动作之前或刚刚完成之后,迅速让自己脱身。咬、踢或打击敌人易伤部位,均有助于破解敌人的抓揪。等到自己脱身后,应当立即进行防守,同时寻找时机向敌人发起攻击。

2 破解卡喉

1. 当敌人企图卡住你的喉部时,应把手臂弯成弧形,并打出一拳(见图82)来破解敌人的招式。

图82 破解卡喉(1)

第八章　反擒拿　93

2. 把手臂弯成弧形，抡拳猛击敌人手臂的同时，向挥臂的方向转体，尽可能以身体重量加大挥动臂膀的力量（见图83）。此招可迫敌人松手，并在敌人反应过来之前，迅速以手掌外侧向后猛击他的面部或脖颈。

3. 此种解脱法也可用于对付背后卡喉：挥臂并向后转体，尽快使自己面向敌人。

图83　破解卡喉（2）

3 另一种破解卡喉方法

1.如敌人已成功地卡住了自己的喉部,那么自己就应双手紧握在一起(见图84),右手紧握左掌外侧,右拇指紧扣左拇指,手指不可连锁。

2.双手从敌人的手臂间猛往上撞,以迫使敌人松手(见图85)。

3.然后以此姿势,用握紧的掌头猛击敌人鼻梁,或者抓住其后脑往下压,并抬腿以膝关节顶撞敌人头部(见图86)。在破解敌人的抓揪后,也可分开两手用掌外侧猛击敌人的锁骨部位。

图84 另一种破解卡喉方法(1)

第八章 反擒拿

图85 另一种破解卡喉方法(2)

图86 另一种破解卡喉方法(3)

4　身体被按靠在墙壁上时的破解双手正面卡喉

1. 格斗者常常会碰到这样的情况：当他背后横着一堵墙时，敌人便试图伸直胳膊用手指狠卡格斗者脖颈，并使劲往墙壁上推（见图87）。

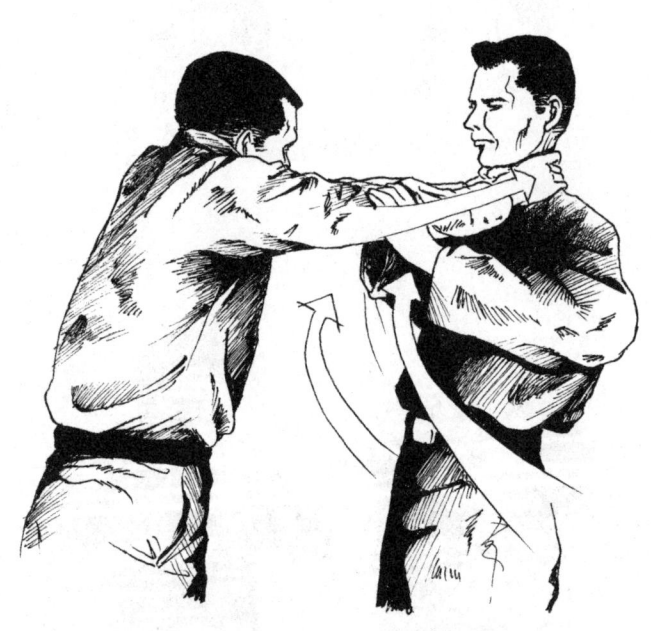

图87　破解双手正面卡喉（1）

第八章　反擒拿　97

2.解脱方法是：将右手掌置于敌人的左肘部位，左手掌置于敌人的右肘部位，用劲向内挤压并推开敌人（见图88），使敌人不能充分运用手指的力气卡喉。为迫使敌人后退，可用膝盖向上顶撞，或以脚尖猛踢敌人的裆部。

图88　破解双手正面卡喉（2）

5　破解正面臂上箍抱

1. 当敌人从正面将格斗者的身体和胳膊牢牢抱住时（见图89），解脱方法是用拇指顶击敌人的裆部，迫使他屁股向后蹶，并与格斗者拉开一定的距离（见图90）。

图89　破解正面臂上箍抱（1）

第八章　反擒拿　99

图90　破解正面臂上箍抱（2）

2. 以左脚为轴转体，将右脚置于敌人右脚外侧；右臂从敌人左臂下插过并横搂其背，左手抓住敌人大臂猛拉；用臀部顶撞其腹部的同时身体猛向左扭，右臂上抬，左手下拉，将敌人顶在臀部，并将其摔倒在地（见图91），接着打击其易伤部位。

图91　破解正面臂上箍抱（3）

6　破解正面抱腰

1. 敌人用正面锁臂抱腰的方法，将格斗者拦腰抱住，并试图使其后仰（见图92）。

图92　破解正面抱腰（1）

2.解脱的方法是：将左手拇指置于敌人的鼻底部位，右臂环抱敌人腰部；左手拇指下压，右手内拉，迫使敌人松臂或后倒（见图93）。

图93　破解正面抱腰（2）

7 破解双手抓单腕

1. 敌人用双手抓住格斗者的一只手腕（见图94）。

图94 破解双手抓单腕（1）

2.解脱方法：右脚前跨，屈双膝，身体挺直；右肘回拉到腹部，左手交叉并握住右拳（见图95）。

图95　破解双手抓单腕（2）

3. 突然挺直双腿，用身体、胳膊的力量向回拉，使敌人拇指受压而松手。解脱的同时，用右掌外侧狠击敌人的头部或脖颈（见图96）。

图96　破解双手抓单腕（3）

8 破解抓两腕

1. 敌人可能从上面抓住格斗者的两只手腕（见图97）。

图97 破解抓两腕（1）

2.解脱方法：双脚前跨，屈膝下蹲；同时屈臂，使两肘向下拉至靠近小腹处，将敌人向前下方拉（见图98）。

图98　破解抓两腕（2）

3.双腿猛然伸直,身体挺立,两臂上举,整个动作同时完成。破解两腕被抓的有效动作,至关重要的是速度(见图99)。

图99 破解抓两腕(3)

9 破解由后单臂锁喉

1. 敌人可能由背后用单臂锁喉的方法，向格斗者发起进攻（见图100）。

图 100 破解由后单臂锁喉（1）

2.格斗者则应举起左手,抓住敌人的右小臂,在下拉他的小臂的同时,将自己的下巴紧收胸前使敌人难以卡喉;右手则抓住敌人的右肩(见图101)。

图 101　破解由后单臂锁喉(2)

3. 双手始终抓牢敌人的小臂和肩膀，用臀部顶撞其腰部，采取迅速弯腰和挺腿的方法，将敌人从头顶摔下（见图102）。

图102　破解由后单臂锁喉（3）

10　破解由后连臂箍抱

1. 敌人有可能从背后将格斗者的身体连胳臂牢牢抱住（见图103）。

图103　破解由后连臂箍抱（1）

第八章　反擒拿　　113

2.解脱方法：用脚跺敌人的脚背或踢敌人的小腿；猛抬双肘与肩齐平，同时，双膝弯曲，使身体略低（见图104）。

图104　破解由后连臂箍抱（2）

3. 身体略向右转,并以肘部猛击敌人身体侧面或肋部,这样敌人就会松手(见图105)。

图 105　破解由后连臂箍抱(3)

4. 接着，用右手抓住敌人的右肘上方部位，左手抓住他的右手腕，并将他从头顶摔下（见图106）。当敌人被摔倒在地时，便猛击他的易伤部位。

图106　破解由后连臂箍抱（4）

11 破解由后臂下箍抱

1. 敌人可能由背后从臂下将格斗者拦腰抱住（见图107）。

图107 破解由后臂下箍抱（1）

2.解脱的方法：弯腰，用手抓住敌人的左膝盖，将身体大部分重量落在此处（见图108）。

图108　破解由后臂下箍抱（2）

3. 这样，格斗者便有了坚定的支撑点；移动双脚并将左腿置于敌人的右腿之后。一旦自己双脚站稳，左手随即勾住敌人的左膝，右手勾住他的右膝（见图109）。

图 109　破解由后臂下箍抱（3）

4. 将敌人双脚提离地面,离地越高越好(见图110)。

5. 如敌人已松手,就将他的头猛烈撞击地面;如果敌人仍抱住不放,则顺势将其头朝地面猛撞。

图110 破解由后臂下箍抱(4)

12　破解由后臂下箍抱的另一种方法

1. 敌人采取由后臂下箍抱的方法（如前面所述），同时叉开双腿，将一条腿插在格斗者两腿之间；并将头压在格斗者肩胛处，使格斗者抓不着（见图111）。

图 111　破解由后臂下箍抱的另一种方法（1）

2.解脱方法：迅速弓腰，并牢牢抓住敌人前插腿的脚腕（见图112）

图112　破解由后臂下箍抱的另一种方法（2）

3. 抓住敌人脚腕的同时挺直身体，即可压住敌人的膝部，使其松抱（见图113）。如果敌人依然没有松手，那么格斗者就可顺势后倒，以身体猛压他的肋部。

图113　破解由后臂下箍抱的另一种方法（3）

第九章

持刀攻击

如果使用得当，一把刀（或刺刀）就是一件置敌人于死地的武器。格斗者在执行侦察任务时，可以用它悄无声息地杀死敌方的哨兵，或者在没有枪支的情况下，用刀与敌人展开搏斗。

124／概述
124／持刀方法
126／攻击姿势
128／姿势变化
130／正面攻击
135／由后攻击

1　概述

如果使用得当，一把刀（或刺刀）就是一件置敌人于死地的武器。格斗者在执行侦察任务时，可以用它悄无声息地杀死敌方的哨兵，或者在没有枪支的情况下，用刀与敌人展开搏斗。

2　持刀方法

1. 至关重要的是要牢牢地控制住刀。握刀时，将刀柄斜放在张开的手掌上（见图114）。
2. 拇指和食指紧挨刀柄护手，中指包住刀柄中部，握住刀柄（见图115）。

图114　持刀方法（1）

图115　持刀方法（2）

第九章　持刀攻击　125

3. 这样握刀可使刀很容易向所有方向转动，即依靠食指和中指配合，以及转动手腕来控制刀尖的方向。右手握刀，掌心向上时，便可向左、右刺；掌心向下时，也可向任何一个方向刺。无论掌心向上或向下，均可进行刺杀。当刀接触人体时，则用全部手指紧握刀柄（见图116）。

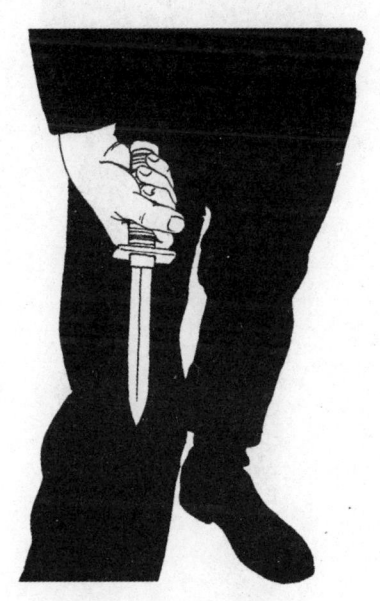

图116　持刀方法（3）

3 攻击姿势

进行持刀攻击时的姿势,与徒手格斗时的防守姿势大致相同(见图117、118)。唯一不同的是右臂下垂,右手握刀,置于右腿外侧;左臂和手掌成防守或挡击的姿势,以便为右手进行砍、刺创造条件;还可用左手在敌人眼前晃动,或朝

图117 姿势(正面)

第九章　持刀攻击　　127

敌人投掷东西，或示以突然的攻击动作，达到分散敌人注意力的目的。采取此种姿势时，双膝应稍弯曲，以便于身体运动和掌握平衡，并有利于防护肋部和喉部。

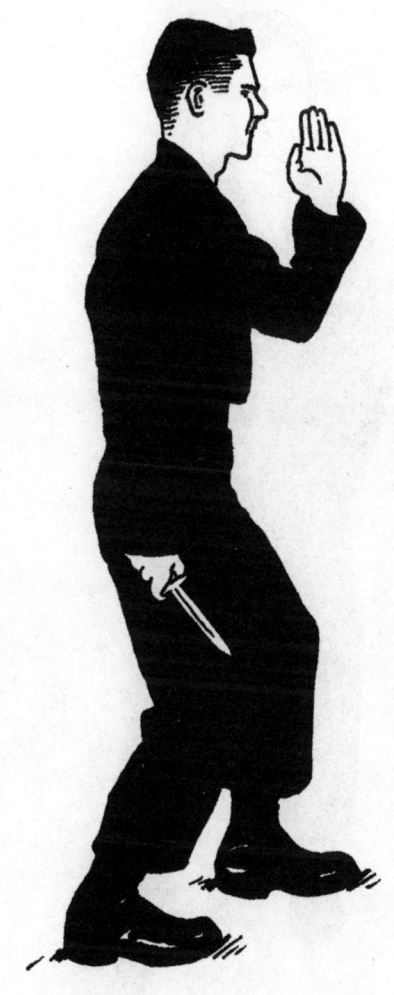

图 118　姿势（侧面）

4 姿势变化

变化姿势时,格斗者在砍、刺敌人之前,始终应该将手握的刀藏于右腿之后(见图119、120)。

图119 姿势变化(正面)

第九章　持刀攻击　129

图 120　姿势变化（侧面）

5 正面攻击

当格斗者持刀从正面向敌人发起攻击时，敌人必将本能地保护他的腹部和喉部。如果这两处的任何一个部位受伤，敌人必定会惊恐万状，甚至忘却自卫，格斗者即可趁势将其刺死。

1. **喉部** 格斗者可用刺或砍的方法攻击敌人的喉部。如果用刀尖对准敌人的喉结下方部位（即咽喉处），那么用刺的方法更为有效（见图121）。因为这样可切断敌人的颈静脉，并使他迅速毙命。用刀砍敌人脖颈两侧的颈动脉，则可使他因大出血而在数秒钟内死亡。

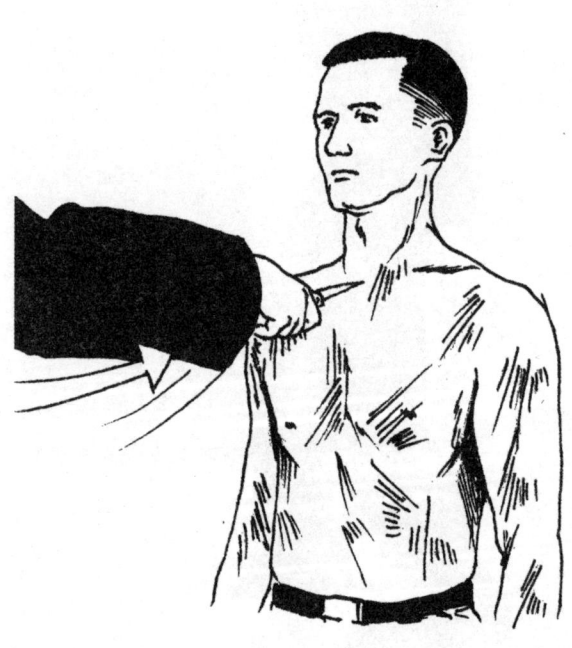

图 121　刀刺咽喉

2. **腹部** 用刀尖刺入腹部并转动刀刃，敌人会感到疼痛难忍（见图122），以至昏厥。在这种情况下，敌人就失去了自卫能力，随后格斗者便可对他施以致命的打击。如果敌人腹部深处受伤而又不能及时得到包扎抢救，那么他只有死路一条。

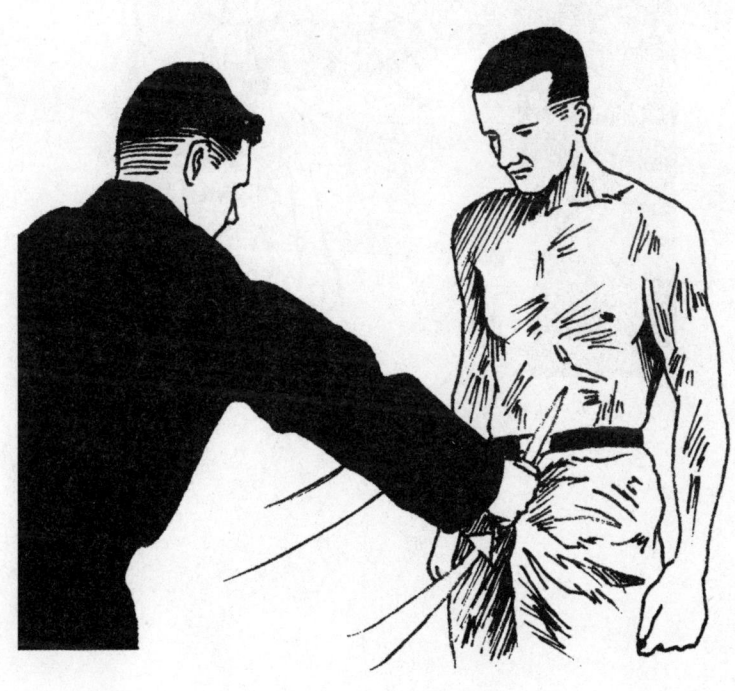

图122　刀刺腹部

3. 心脏 刺中心脏可使敌人立即丧命（见图 123）。由于心脏有肋骨保护，往往不易刺中，但使劲一刺，也可滑过肋骨穿透心脏。

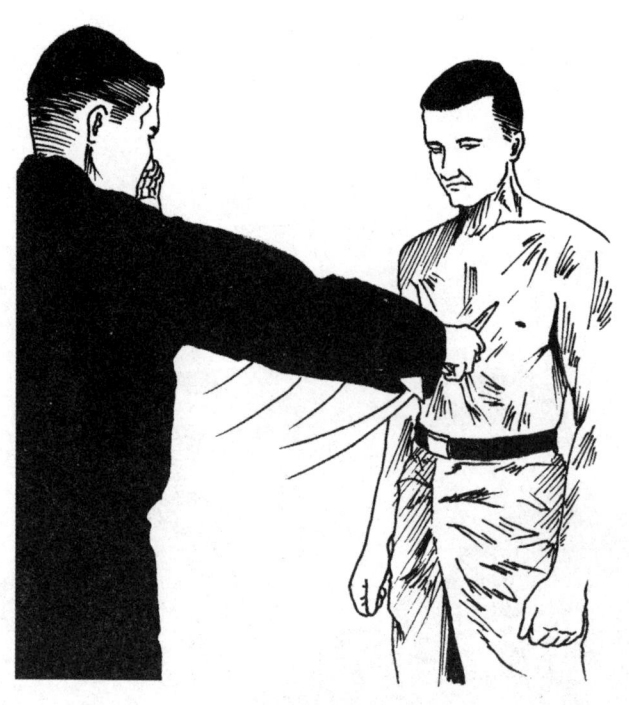

图 123　刀刺心脏

4. 手腕 用刀砍手腕，能割断桡动脉，两分钟内敌人就会毙命（见图 124）。此招对付企图抓揪格斗者衣服和胳臂的敌人最为有效。桡动脉在皮下 6 毫米处。切断敌人桡动脉将使他在半分钟内失去知觉。

第九章　持刀攻击　133

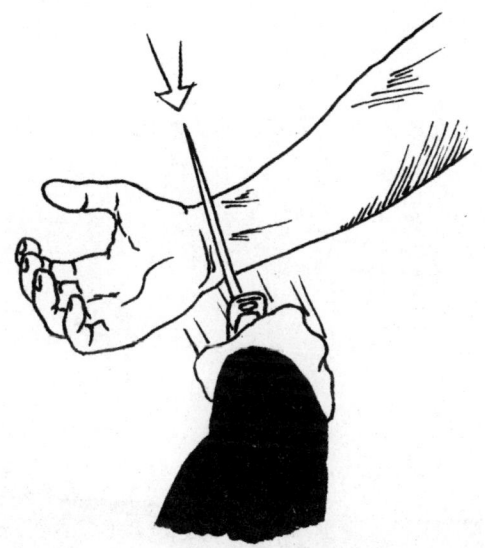

图 124　刀砍手腕

5. **小臂**　用刀砍手臂上部的肘关节内侧，可切断敌人的臂动脉，两分钟内敌人就将一命呜呼（见图 125）。臂动脉位于皮下 12 毫米处，被切断后，15 秒钟内敌人就会失去知觉。

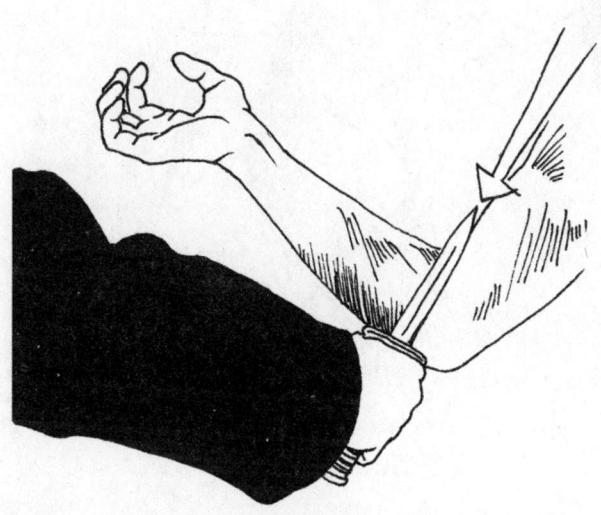

图 125　刀斩小臂

6. **腿** 用刀砍敌人大腿内侧，可切断其股动脉，从而废掉他的大腿（见图 126）。

图 126　刀切大腿

6　由后攻击

从背后攻击敌人时，格斗者应在接近敌人 1.7 米外时就迅速向敌人发起攻击。

1. **肾部**　用刀刺入敌人肾部的同时，用另一只手捂住他的嘴和鼻（见图 127）。拔刀后再砍他的喉部。刺中肾脏，可使敌人感到剧痛，并导致敌人内出血和死亡。

图 127　持刀由后刺敌肾部

2. **颈侧** 用刀刺入敌人颈侧部位,是悄然攻击敌人的有效方法(见图128)。

图 128 持刀由后攻击敌颈侧

第九章　持刀攻击　137

3. **喉部**　由后横割敌人的喉部，可切断他的气管和颈部静脉（见图129）。

图129　持刀由后击敌喉部

4. **锁骨下动脉** 锁骨下动脉在锁骨与肩胛骨之间的皮下约 6.5 厘米处。刺敌人的锁骨下动脉，格斗者应像抓握冰锥一样握刀（见图 130）。抽刀时，应摇晃刀刃以尽量扩大伤口。此动脉难以刺中，但一旦刺中，就会血流不止。这样，敌人将在数秒钟内失去知觉，很快就会死去。

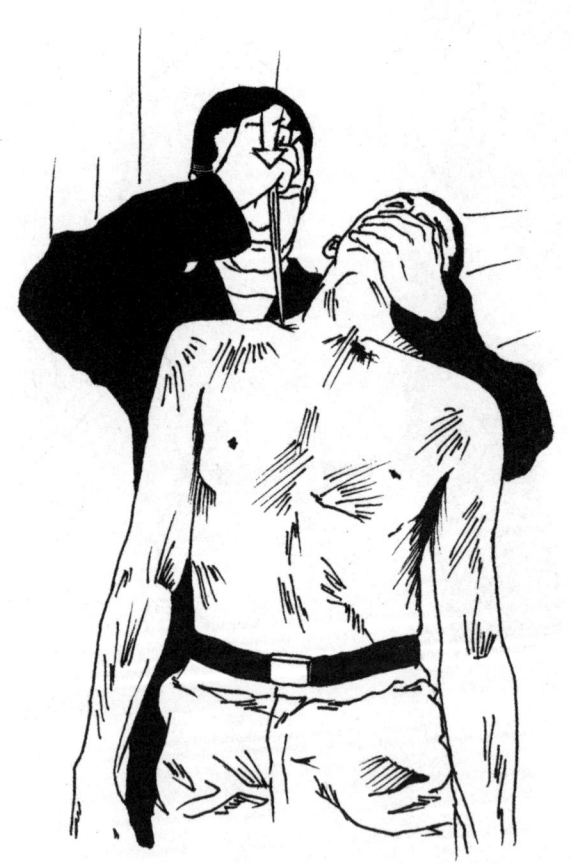

图 130 持刀由后刺敌锁骨下动脉

第十章

夺刺刀

本章将分别叙述对付敌人突刺和冲刺的方法。所谓突刺，是指敌人的刺刀尖已逼近你的身体（在训练时，刺刀尖距徒手士兵约为一臂的距离）；而所谓冲刺，是指敌人刺刀尖距离你的身体稍远（超过一臂约一尺）。在训练中，学员可根据自己对上述距离的判断，分别练习对付突刺或冲刺的方法；但在实际战斗中，不管哪种方法均可使用。此外，在训练时，徒手士兵需待持枪者刺出之后，再出手去夺。

140 / 概述

140 / 对付突刺

144 / 对付突刺的第二种方法

147 / 对付突刺的第三种方法

150 / 对付冲刺

155 / 对付冲刺的第二种方法

1　概述

本章将分别叙述对付敌人突刺和冲刺的方法。所谓突刺，是指敌人的刺刀尖已逼近你的身体（在训练时，刺刀尖距徒手士兵约为一臂的距离）；而所谓冲刺，是指敌人刺刀尖距离你的身体稍远（超过一臂约一尺）。在训练中，学员可根据自己对上述距离的判断，分别练习对付突刺或冲刺的方法；但在实际战斗中，不管哪种方法均可使用。此外，在训练时，徒手士兵需待持枪者刺出之后，再出手去夺。

2　对付突刺

1. 如果敌人采取突刺，那么格斗者则应身体向左倾而双脚原地不动，同时用右手掌将刺刀挡离自己的身体（见图131）。

图131　对付突刺之敌（1）

第十章　夺刺刀　141

2. 当刺刀掠过身体的一刹那，迅速用右手抓住放在枪护木上的敌人的左手，同时左脚向敌人右侧跨出一大步，左手抓住敌人的枪下部，使枪护木部位抵压于左肩，左手抓住敌人握枪的右手（见图132）。

图132　对付突刺之敌（2）

3. 左手回拉而右手前推，身体重心落在左脚，用右小腿的腿肚撞击敌人的右腿肚（见图133）。

图133 对付突刺之敌（3）

第十章　夺刺刀　143

4. 敌人一定会倒地松手（见图 134）。夺过敌人的刺刀后便可将他刺死。

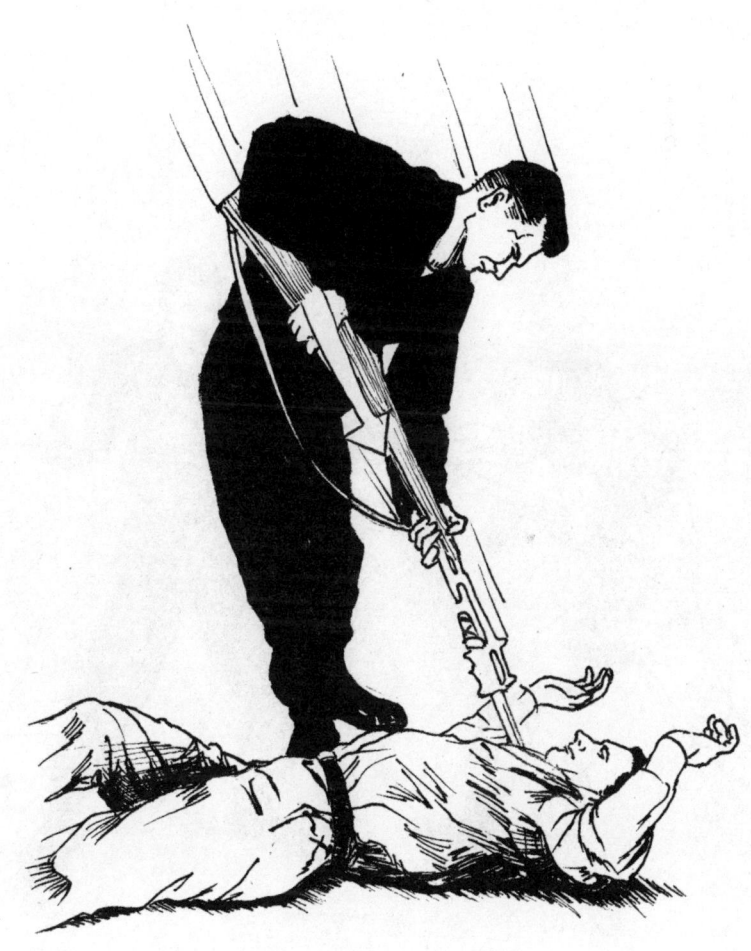

图 134　对付突刺之敌（4）

3 对付突刺的第二种方法

1. 当敌人刺来时，格斗者用右手掌将他的刺刀向左方挡，同时，右脚向右侧斜跨。这样格斗者即成面对敌人枪侧的姿势，并用右腿护住裆部（见图135）。

图 135 对付突刺之敌的第二种方法（1）

2. 左手手掌向上抓住敌人的枪上部；同时，以右掌外侧猛砍敌人左肘内侧（见图 136）。

图 136　对付突刺之敌的第二种方法（2）

3.抓紧枪杆，左脚迅速向前跨至敌人的左脚跟侧后，将枪成弧形从敌人肩上向后猛然一扭（见图137）。如敌人继续抓住枪不放，就踢踹他易伤部位并猛拉其枪，接着夺过枪并攻击敌人。

图137　对付突刺之敌的第二种方法（3）

4 对付突刺的第三种方法

1. 当敌人刺来时，格斗者用左手掌将其刺刀挡向自己的右边，左脚向左内侧斜跨，使自己面对敌人刺刀侧面，用左腿护住裆部（见图138）。

图138 对付突刺之敌的第三种方法（1）

2. 右手掌向上，抓住敌人枪护木附近的任一部位，左手掌向下抓住敌人的枪膛处（见图139）。

图139 对付突刺之敌的第三种方法（2）

第十章　夺刺刀　149

3. 双手紧抓不放，右脚迅速绕过敌人向前跨步，并猛地将枪向后上方以弧形压过敌人肩膀，从其手中扭脱（见图140）。然后转体，用枪托或刺刀将敌人杀死。

图140　对付突刺之敌的第三种方法（3）

5　对付冲刺

1. 当敌人用冲刺的方法刺来时，格斗者应用右手掌将敌人的刺刀挡向自己的左边，右脚同时向右侧斜跨，使自己面对敌人的枪侧，用右腿护住裆部（见图141）。

图141　对付冲刺之敌（1）

第十章 夺刺刀 151

2. 左手掌向上托抓敌人的左手和枪（见图142）。

图142 对付冲刺之敌（2）

3. 向左前方转体，将右腿置于敌人身体的正前方（见图143）。

4. 右手掌向下抓握敌人的枪膛处，抢夺敌人的枪并将敌人横拉过右腿，同时以右肘部使劲挤压敌人的左臂或肘部外侧（见图144）。当扭夺敌人枪时，用肘部向下狠劲挤压，一定可以抓伤敌人的肘部。

5. 继续扭夺敌人枪并将敌人拽拉过腿，将其摔倒在地（见图145）。

图143　对付冲刺之敌（3）

第十章　夺刺刀　153

图 144　对付冲刺之敌（4）

图 145　对付冲刺之敌（5）

6. 重新抓好枪，然后向敌人攻击（见图146）。

图146 对付冲刺之敌（6）

6 对付冲刺的第二种方法

1. 如果敌人冲刺过来，格斗者应用左手掌将敌人的枪刺拨向右边，随后左脚向左前方移步；同时，身体扭向左侧，这样使自己面对敌人枪侧，并用左腿护住裆部（见图147）。

图147 对付冲刺之敌的第二种方法（1）

2.用双掌打击枪口附近,将敌人的刺刀朝下推压(见图148),但自己的身体不得随着枪朝下移,而是让枪刺随着敌人的前冲惯性扎进地里。

图148 对付冲刺之敌的第二种方法(2)

第十章　夺刺刀　157

3. 左手抓住敌人的枪托，右手抓揪敌人头或背的任一部位（见图149）。

图 149　对付冲刺之敌的第二种方法（3）

4. 将枪托拖至敌人身后，同时，右手拽拉敌人，将敌人摔倒在地（见图150）。

图150 对付冲刺之敌的第二种方法（4）

5. 把枪夺过来拿在自己手中，使自己处于进攻地位（见图 151）。

图 151　对付冲刺之敌的第二种方法（5）

第十一章

夺 枪

　　缴夺敌人手中的步枪或手枪时,格斗者的每一个动作都应该迅速、果断。尽管敌人拥有武器,但格斗者却处于有利态势,因为格斗者深知自己准备怎么处置,而敌人却不得不跟随着格斗者的动作节奏走。无论敌人的反应如何迅速,仍不可能跟上你快节奏的动作。

161 ／夺枪的速度
161 ／正面夺步枪
165 ／夺背后步枪
169 ／正面夺手枪
173 ／正面夺手枪的第二种方法
175 ／对付背后手枪
179 ／对付背后手枪的第二种方法
182 ／对付背后手枪的第三种方法
186 ／对付颈后手枪
189 ／对付颈后手枪的第二种方法
192 ／对付颈后手枪的第三种方法
195 ／协助同伴
198 ／对付敌以手枪对准格斗者和同伴的方法

1　夺枪的速度

　　缴夺敌人手中的步枪或手枪时，格斗者的每一个动作都应该迅速、果断。尽管敌人拥有武器，但格斗者却处于有利态势，因为格斗者深知自己准备怎么处置，而敌人却不得不跟随着格斗者的动作节奏走。无论敌人的反应如何迅速，仍不可能跟上你快节奏的动作。

2　正面夺步枪

　　1.当听到敌人喝令"举起手来"时，格斗者则上举双手与肩平（见图152）；接着，上身向右扭，左手挡开敌枪口（见图153）。两个动作同时进行，一气呵成。

图152　正面夺步枪（1）

图 153　正面夺步枪（2）

第十一章　夺枪　163

2.挡击枪口的同时,左脚前跨,右手抓握枪上方的枪护木,左手抓住枪托狭小的部位(见图154)。

图154　正面夺步枪(3)

3. 左手回拉，右手外推，右脚向敌右方跨出，这样即可使敌失去平衡，并用枪口部位击敌头部，或将枪扭过其右肩而夺取之。（见图155）。

图 155　正面夺步枪（4）

3 夺背后步枪

1. 如果敌人用步枪对准格斗者的后背（见图156），格斗者则应随着敌人的命令举起双手；当双手举至肩高时，双脚原地不动，臀部突然右拧，并且带动右肘向后击打敌人的枪口，将枪挡离自己的身体（见图157）。

图156 夺背后步枪（1）

图 157 夺背后步枪（2）

2. 接着，以右脚为轴向右转体，面向敌人，右臂从枪下伸过，置于敌人的左手腕外侧，左手置于敌人右手所在的枪托处，或从上面抓握枪管（见图158），以防敌人用枪托击打自己。

图158　夺背后步枪（3）

3. 左手回拉，右肩和右臂向下推压，迫使敌人下蹲并使枪脱手（见图159）。

图159　夺背后步枪（4）

4 正面夺手枪

1. 当敌人喝令格斗者举手时,格斗者应尽量将双肘放低(见图160);然后猛向右转体,并用左小臂去打敌人的手腕(见图161)。

图160 正面夺手枪(1)

图 161 正面夺手枪（2）

2. 右手抓住敌人的枪管，切不可用手去封堵枪口；与此同时，用左拳向下猛击敌人手腕（见图162）。

图162　正面夺手枪（3）

3.用左拳打击敌人手腕的同时,右手将枪朝敌人身体方向拧动,迫使其松手(见图163);如果敌人不撒手,其食指将被折伤。格斗者即可趁势用枪托猛击敌人的太阳穴。

图163　正面夺手枪(4)

5　正面夺手枪的第二种方法

1. 当格斗者开始举手时，双手突然向前，同时身体向左拧，以避开敌人的射击（见图164）。
2. 右手从下面抓住或者打敌人的手腕或肘，左手同时抓住其枪管（见图165）。
3. 而后右手向上推敌人的手腕，左手向下压并去夺他的枪（见图166），敌人一定会松手。

图164　正面夺手枪的第二种方法（1）

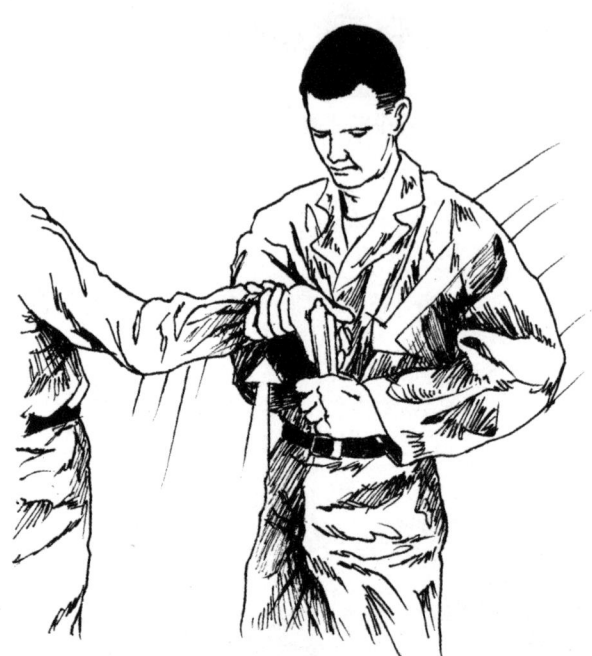

图 165　正面夺手枪的第二种方法（2）

图 166　正面夺手枪的第二种方法（3）

6 对付背后手枪

1. 当确定敌人右手持枪时,才可使用这种方法(见图 167)。

图 167 对付背后手枪(1)

2.格斗者双手上举时,两肘应尽量贴紧腰部;向右侧扭身的同时,双脚原地不动,迅速用右肘击打敌人的小臂(见图168)。

图168 对付背后手枪(2)

3. 右臂伸到敌人的右小臂下，并置于其肘关节处，这样可用右肘缠钩敌人的小臂（见图169）。

图169 对付背后手枪（3）

4. 左手抓住自己的右手,迅速弯腰(见图170),迫使敌人倒地丢枪。

图170 对付背后手枪(4)

7 对付背后手枪的第二种方法

1. 当敌人右手持枪时,也可使用这种方法应对。双肘紧挨腰部,上身猛向左扭,并用左肘打击敌人的手腕或小臂(见图171)。

图 171 对付背后手枪第二种方法(1)

2. 左臂从敌人的右肘后面绕过，这样使其右臂或手腕处于格斗者的脖颈或肩上（见图172）。

图172　对付背后手枪第二种方法（2）

3. 右手抓握自己的左手，并用左小臂别压敌人的右肘（见图173）；然后迅速向前转体，将敌人摔倒，随着压力的增加，可折断敌人的手臂。做以上还击动作时，应始终避开敌人枪口。

图173　对付背后手枪第二种方法（3）

8　对付背后手枪的第三种方法

1. 敌人无论是右手还是左手持枪，均可用这种方法应对，因为格斗者的动作都相同。下面介绍的是对付右手持枪的方法（见图174）。

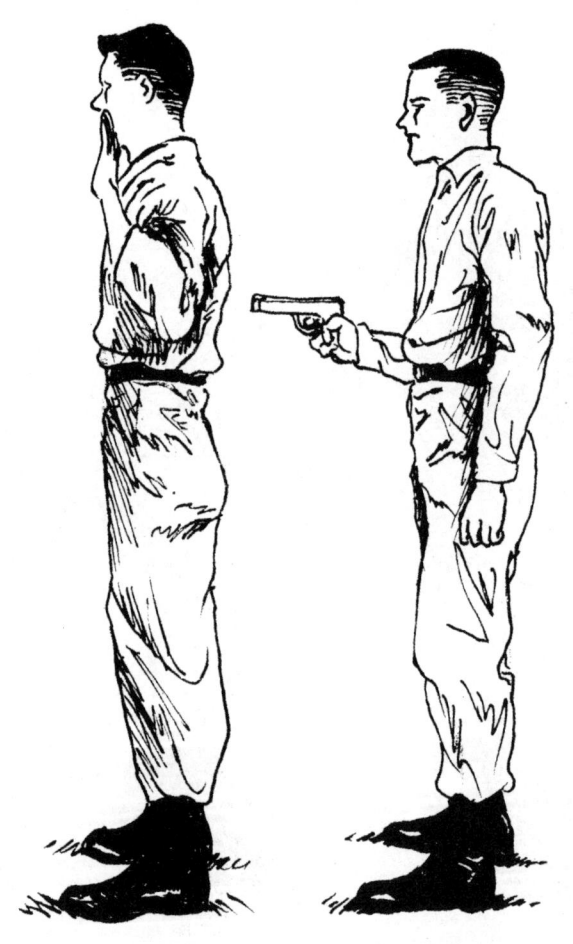

图174　对付背后手枪第三种方法（1）

第十一章　夺枪　183

2. 上身向右扭，右肘猛击敌人的手或手腕（见图175）。

图175　对付背后手枪第三种方法（2）

3.向右转体,左手抓住敌人的右手腕,右掌向上抓住敌人的枪管,将枪管朝敌人胳膊上推,以别压他的手和扣扳机的食指。这样即可迫使敌人松手并可折断他的食指(见图176)。

图176 对付背后手枪第三种方法(3)

4. 右手夺过敌人的手枪,并借助向右转体的惯性,用枪把狠击敌人的下巴或脖颈(见图177)。

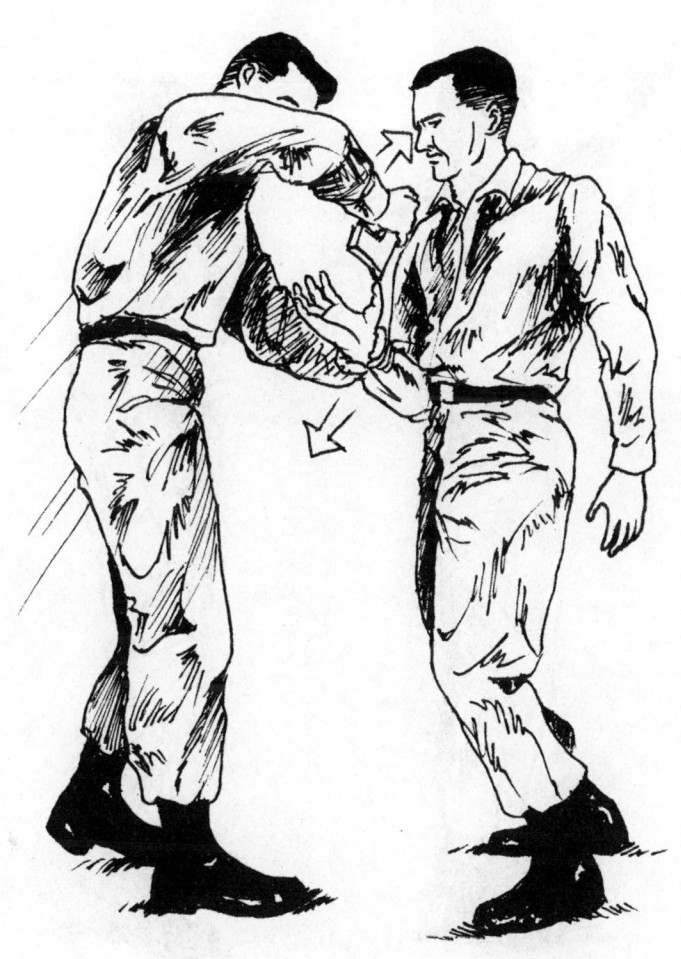

图 177 对付背后手枪第三种方法(4)

9 对付颈后手枪

1.这种方法只适用于对付右手持枪的敌人。格斗者双臂上举,肘与肩同高(见图178)。

图178 对付颈后手枪(1)

2. 上身向左扭,左臂放在敌人的右肘下方,左腕缠绕敌人的手臂(见图179)。

图179 对付颈后手枪(2)

3. 右手抓握自己的左手,并用左小臂向前缠住敌人的肘部。这样做可折断敌人的手臂,或者将敌人摔倒在地,迫使敌人丢下武器(见图180)。

图180 对付颈后手枪(3)

10　对付颈后手枪的第二种方法

当敌人的右手持枪时,可用此方法对敌人进行攻击;最初的攻击行动,既可从右边开始,也可从左边开始。

1. 当敌人用手枪对准格斗者的后颈时,格斗者应将肘举至与肩同高(见图181)。

图 181　对付颈后手枪的第二种方法(1)

2.上身猛向右扭,同时将右大臂夹住敌人的手腕(见图182);如果敌人左手持枪,则用右大臂夹住敌人的左手腕。

图182 对付颈后手枪的第二种方法(2)

3. 以右脚为轴转动,将左脚放在敌人右脚附近;右大臂将敌人的手腕紧紧地夹在自己的右侧;左胳膊从敌人的右大臂插过,左手揪住敌人的衬衣或夹克翻领(见图183);将敌人右手腕紧紧夹在自己一侧,并向上抬左大臂,以折压敌人的肘部。

图183 对付颈后手枪的第二种方法(3)

11 对付颈后手枪的第三种方法

1. 当敌人用手枪对准格斗者的后颈时,格斗者应将肘举至与肩同高(见图184)。

图184 对付颈后手枪的第三种方法(1)

2. 制敌人的开始动作与第二种方法相同（见图185）：

图185　对付颈后手枪的第三种方法（2）

3.以右脚为轴转身,左手抓住敌人的肩或上臂;右小臂或手腕从敌人左肘下通过,用右手抓牢左小臂(见图186),以折别敌人肘部的方法迫使敌人弃枪,猛然用劲则可折断敌人的臂。

图186　对付颈后手枪的第三种方法(3)

12　协助同伴

1. 当格斗者从背后接近，并且敌人正用枪对准同伴时，应右手在下，左手上抬与肩同高（见图187）。

图187　由后协助同伴解危（1）

2. 用双手同时抓住敌人；右手掌向上抓住并提举敌人持枪的手，左手向前推敌人的上臂（见图 188）。

图 188　由后协助同伴解危（2）

3. 身体向左转,并继续用左手推击、右手向后提拉的方法(见图189),将敌人摔倒或造成敌人的肩脱臼。

图189 由后协助同伴解危(3)

13 对付敌以手枪对准格斗者和同伴的方法

1.开始姿势是右手上举（见图190），敌人将手枪忽儿对准你，忽儿又对准你的同伴。格斗者此时站在同伴的左侧。

图190 对付敌以手枪对准格斗者和同伴的方法（1）

第十一章　夺枪　199

2. 在敌人将枪口移开的一刹那，格斗者左脚迅速向前跨步，以左手握敌人持枪的手背，用力将枪推向敌人的左方（见图191）。

图191　对付敌以手枪对准格斗者和同伴的方法（2）

3. 右脚跨进一步，左脚迅速跨出一大步，使自己位于敌人前面，并且背部朝向敌人；与此同时，将敌人握枪的手向左拧，使其掌心上翻，并将其右手牢牢地夹在自己的左腋下（见图192）。

图192　对付敌以手枪对准格斗者和同伴的方法（3）

4. 用腋窝压敌人的右肘并向上提,迫使敌人弃枪或将他的臂折伤(见图193)。

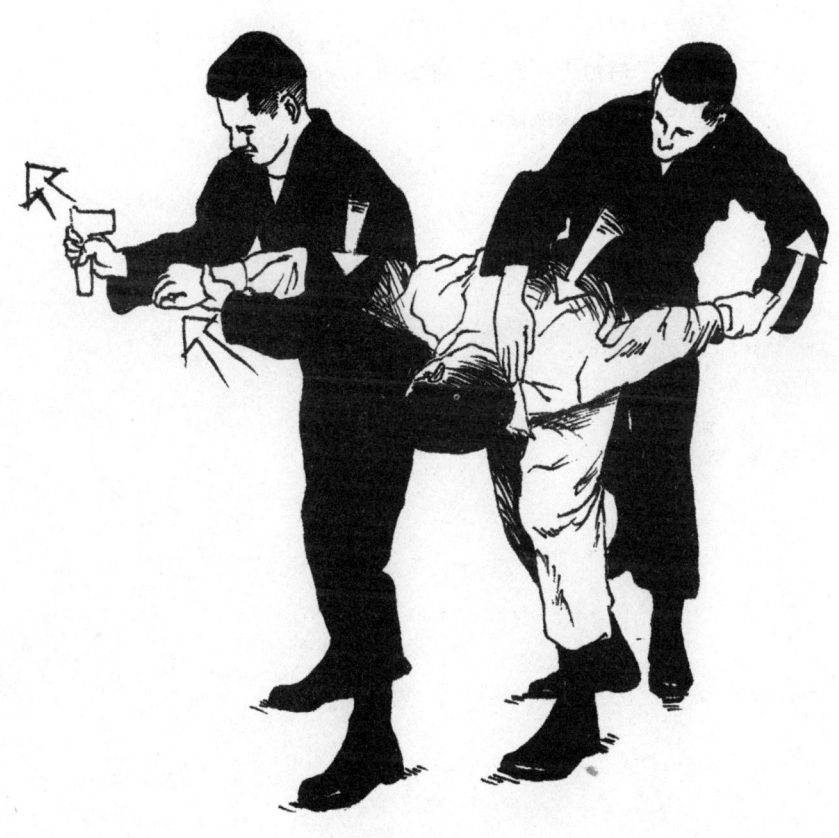

图193 对付敌以手枪对准格斗者和同伴的方法(4)

第十二章

夺刀

203 ／对付下刺的方法
208 ／对付下刺的第二种方法
210 ／对付上刺的方法
213 ／对付上刺的第二种方法
217 ／对付上刺的第三种方法
219 ／对付谨慎接近之敌

1 对付下刺的方法

1.以下介绍的对付下刺的方法,用于当敌将刀高举过肩并朝格斗者刺来之时(见图194)。

图194 对付下刺的方法(1)

2. 用右拳（从腕部使拳略向前弯曲）撞击敌右手腕，在敌右手腕骨骼突出处挡住敌持刀之手（见图195）。

图 195　对付下刺的方法（2）

3. 右脚前跨以保护裆部；与此同时，以右小臂或手腕猛击敌右肘弯部，使其臂弯曲（见图196）。

图196　对付下刺的方法（3）

4. 左手置于敌右小臂之后并抓握自己的右小臂（见图197），将肘向身体紧收。

图197　对付下刺的方法（4）

5. 迅速弯腰以别压敌臂（见图198），使敌向后仰倒并失落其武器。

图198　对付下刺的方法（5）

2　对付下刺的第二种方法

1. 左拳向前弯曲,用腕部迎击敌人手腕来挡住他手中拿的刀;右脚跨步来保护裆部;左小臂与地面平行。与此同时,右手置于敌人持刀手的臂部下方,并抓住自己的左拳(见图199)。

图199　对付下刺的第二种方法(1)

2. 迅速弯腰并别压敌人的手臂（见图200），迫使敌人后倒并让他手中的武器掉落。

图200　对付下刺的第二种方法（2）

3　对付上刺的方法

1. 挡住朝上刺来的刀的招式，就是用两臂在腕部交叉成"V"字形，以迎击敌人的手腕或小臂。同时，双脚略微后跳，提防敌人刺中自己的腹部（见图201）。

图201　对付上刺的方法（1）

2. 一旦阻止住敌人的上刺，便可用左手握住敌人的右手，同时用右手抓住敌人的手腕，左手拇指放在敌人的手背上（见图202）。

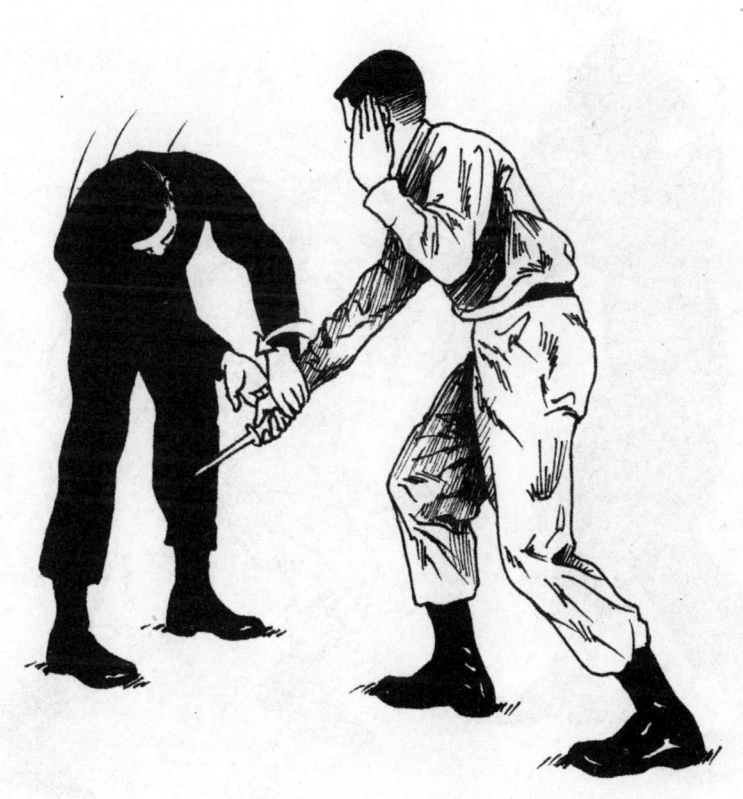

图202　对付上刺的方法（2）

3. 向左扭住敌人的手腕，并别压敌人的小臂，使敌人倒地（见图203）。

图 203　对付上刺的方法（3）

4　对付上刺的第二种方法

1. 另一种对付敌人上刺的方法，就是用双手形成"V"字形以截击敌人的手腕或小臂（见图204）。

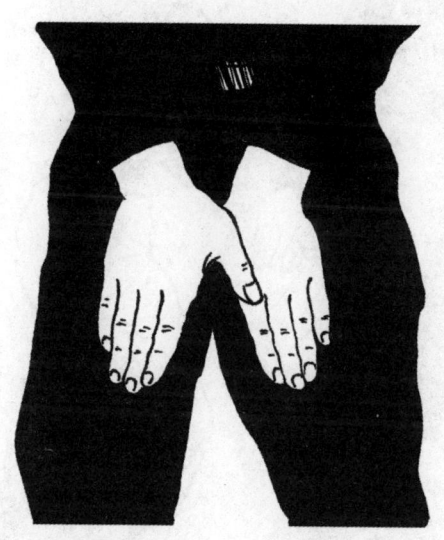

图204　对付上刺的第二种方法（1）

2. 两臂伸直，一旦阻止住敌人的攻击，便可迅速小步后跃，以使自己的腰部远离敌人的刀尖（见图 205）。

图 205　对付上刺的第二种方法（2）

3. 双手牢牢卡住敌人的手腕,并用左脚尖为轴向左转体;同时将敌人持刀的手上举,并直接向敌人臂下跨步(见图206)。

图 206　对付上刺的第二种方法(3)

4. 以这种姿势弯腰,向前下方猛烈折敌人的手臂,同时将敌人摔倒(见图207)。

图207 对付上刺的第二种方法(4)

5　对付上刺的第三种方法

1. 基本动作如上一节的 1、2 所述。
2. 用双手牢牢抓住敌人的手腕,并向右转体;上举敌人的手臂,并将它放在自己的左肩上(见图 208)。

图 208　对付上刺的第三种方法(1)

3. 将敌人的手臂向下压，这样足以将敌人摔倒或折断敌人的手臂。这种方法还可有所变化，即向敌人臂下跨步并转到他的背后，将他的手臂向后别，迫使他放下刀子。（见图209）。转体时格斗者必须动作迅速，防止敌人从手中挣脱。

图 209　对付上刺的第三种方法（2）

6 对付谨慎接近之敌

1. 敌人采取如图 210 所示的进攻姿势，左脚在前，左手向上平举以防格斗者的打击，右手持刀，随时准备攻击。这种敌人是最险恶的，因为他有充分准备，而且训练有素。碰到这类敌人，格斗者的一切动作都必须准确无误。

图 210 对付谨慎接近之敌（1）

2. 当敌人接近时，格斗者首先应迅速侧身倒地，使身体靠近敌人的双脚并向左转身。用左脚背勾住敌人的前脚踝关节，并用右脚蹬踹敌人的膝盖处（见图211）。

3. 用手和小臂着地，以便减缓倒地时的冲力。用这种勾踹动作，足以使敌人后倒。一旦敌人倒地，旋即抬起右脚猛踢他的档部或腰部（见图212）。

图211　对付谨慎接近之敌（2）

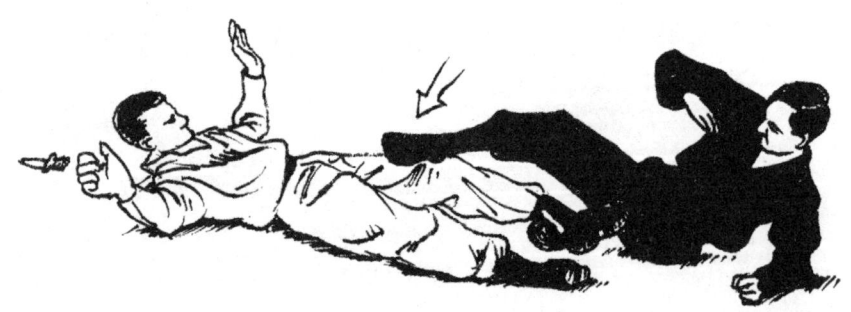

图212　对付谨慎接近之敌（3）

第十三章

摸哨

掌握摸哨的技巧，可使格斗者能够以迅雷不及掩耳之势，从背后向敌人突然袭击，并且将敌人杀死。

222 ／概述
222 ／掰钢盔折脖
224 ／用钢盔击头
226 ／用绳索或铁丝单手勒脖
228 ／用绳索或铁丝双手勒脖
230 ／其他方法

1 概述

掌握摸哨的技巧，可使格斗者能够以迅雷不及掩耳之势，从背后向敌人突然袭击，并且将敌人杀死。

2 掰钢盔折脖

1. 右手抓住敌人钢盔的前帽檐儿，同时左小臂置于敌人的后颈，并将左手掌放在敌人的右肩上（见图213）。

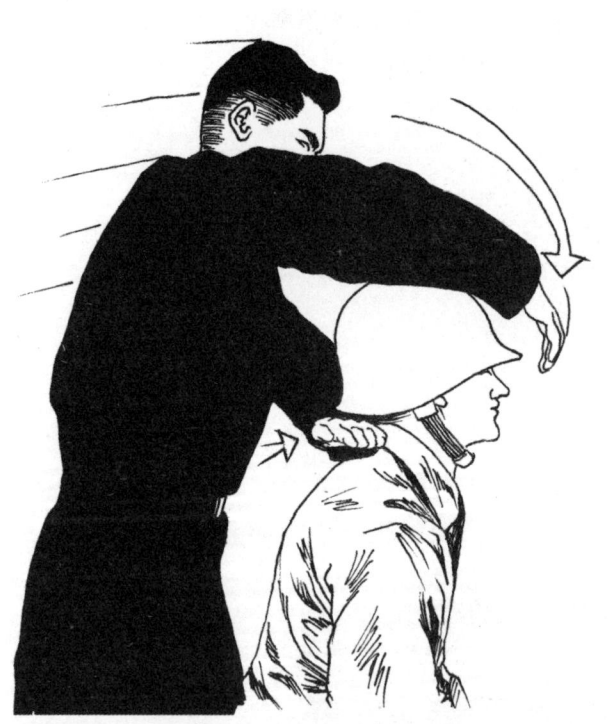

图 213　掰钢盔折脖（1）

2. 牢牢抓住敌人钢盔的前帽檐儿，使劲地向上、向后、再向下拽，左小臂则猛力向前推（见图214）。左小臂放在敌人钢盔后部下沿，当作掰钢盔折敌人脖颈的支点。此方法只宜用于对付盔带套系在下巴颏的敌人。

图214　掰钢盔折脖（2）

3 用钢盔击头

1. 如果发现敌人的钢盔带并未套在他的下巴上，或在采取掰钢盔折脖时，发现敌人未系钢盔带，即可用猛劲夺取敌人钢盔，并用夺过来的钢盔猛击敌人，从而击毙敌人。做这个动作时，应该用另一只手揪住敌人的衣领或衬衣向后拉，使敌人失去平衡而后仰（见图215）。

图 215　钢盔击头（1）

2.此时用钢盔顶部猛击敌人头顶或太阳穴（见图216）。采用这种方法打击敌人时，敌人往往会喊叫。

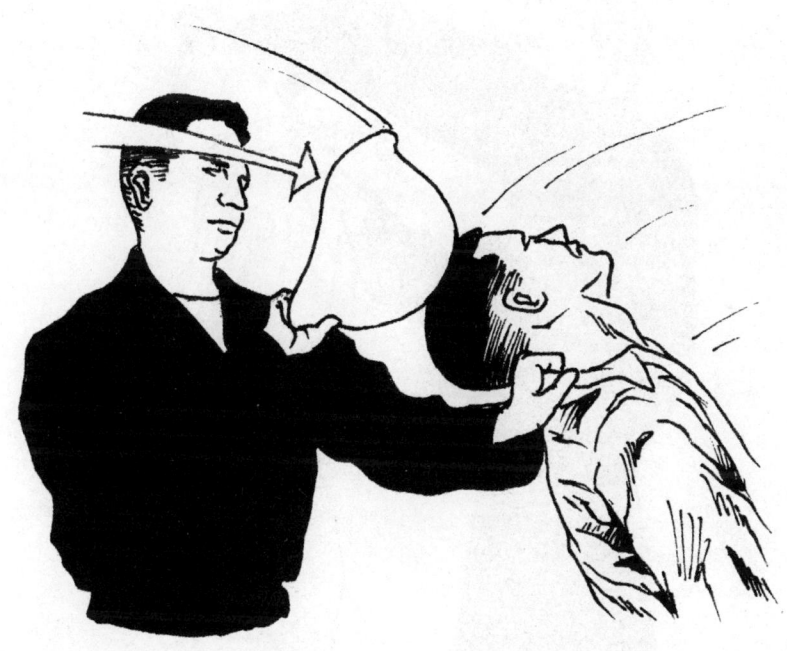

图216　钢盔击头（2）

4　用绳索或铁丝单手勒脖

1. 采取这种勒脖的方法时，必须事先准备一根长约 90 厘米（如同一根靴带）的柔软铁丝或绳子。两手各执铁丝或绳子的一端，从背后接近敌人。将绳子从敌人头上套过，从左至右地缠绕，左手始终紧执另一端，放在敌人的肩上（见图 217）。

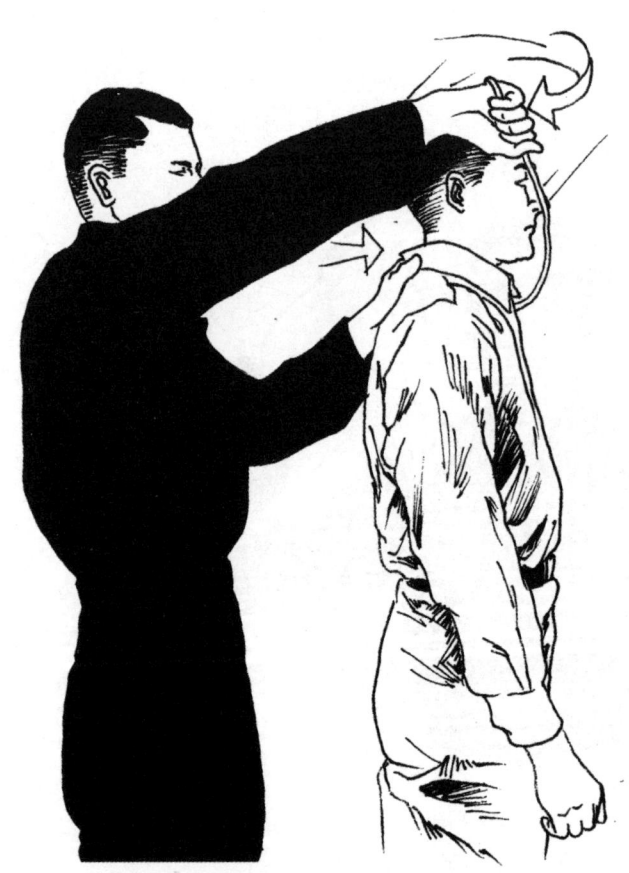

图 217　用绳索或铁丝单手勒脖（1）

2.与此同时,用膝盖(任何一只均可)顶住敌人的后背,右手使劲地拉绳,而左手则用力前推(见图218)。如果动作迅速敏捷,敌人便来不及叫喊。为便于紧拉,格斗者可在绳子或铁丝的两端缠上两根短棒。

图218 用绳索或铁丝单手勒脖(2)

5　用绳索或铁丝双手勒脖

1. 两手抓住铁丝或绳子的两端，左小臂横放在敌人的颈后，右臂在敌人头部上方转动，绳子从右向左将敌人的喉部勒住（见图219）。

图219　用绳索或铁丝双手勒脖（1）

2.套住敌人的喉部后,两臂同时向相反的方向猛拉,紧勒敌人喉部(见图220)。迅猛的动作可使敌人失去呼叫的机会。猛烈和长时间的缠勒,足能导致敌人昏迷或毙命。

图 220 用绳索或铁丝双手勒脖(2)

6　其他方法

1．借助武器

（1）用钝器猛击敌人的脊梁而将他打昏，或用利器猛刺敌人，将他杀死（见第三章图35）。

（2）动用自制器具（见第三章图34）。

2．用手掌外侧或拳头猛击敌人的后脑勺（见第二章第二节）。

3．擒拿

（1）由后摔（见第五章第七节）。
（2）背后锁喉（见第七章第七节）。

4．持刀攻击（见第九章）

（1）刺肾部
（2）刺颈侧
（3）割喉

第十四章

搜 身

如果捉到俘虏,而且需对俘虏进行搜查,那么这种搜查应在有帮手的情况下进行。可将俘虏转移到后方,由别的同伴担任警戒,然后再进行搜身;但在没有任何援助的特殊环境下,对敌人实施全身搜查也是完全必要的。以下介绍的便是在没有援助的情况下,对俘虏进行搜身的方法。

232／概述

232／搜身的规则

232／搜身技术

233／持长枪搜查俯卧的俘虏

234／持长枪搜查跪下的俘虏

235／持手枪搜查斜倚的俘虏

236／持手枪搜查站立的俘虏

238／对多名俘虏进行搜查

1　概述

如果捉到俘虏，而且需对俘虏进行搜查，那么这种搜查应在有帮手的情况下进行。可将俘虏转移到后方，由别的同伴担任警戒，然后再进行搜身；但在没有任何援助的特殊环境下，对敌人实施全身搜查也是完全必要的。以下介绍的便是在没有援助的情况下，对俘虏进行搜身的方法。

2　搜身的规则

搜身时，应当牢记以下规则：

1. 如果自认为有把握，即可口头命令敌人服从搜查，必要时可开枪。
2. 不许俘虏说话、向后看、挪动双臂或有分散你注意力的任何举动。
3. 在没有使俘虏失去平衡时，切不可对其搜身。
4. 在没有使俘虏失去平衡时，切不可靠近敌人一臂距离以内。
5. 持手枪搜查俘虏时，应将拿手枪的手放在腰际，稍微远离俘虏，做好射击的姿势。
6. 如果有同伴协助，则必须使自己位于射击的范围之外；一人对敌人进行搜查，其余的人则与俘虏保持足够的距离，随时监视敌人。
7. 在完成搜身之前，始终不可放松警惕。

3　搜身技术

1. 搜身时用"拍打"和"触摸"的方法，就可以发现俘虏的武器，或身上暗藏的器具。对俘虏实施全身搜查时，尤其要搜查其腋窝、胳膊、背后、裆部和腿部；对敌人腰部衣服重叠处、胸部、靴筒要彻底搜查。因为刀可用绳子吊在脖子上，或暗藏在身体任何部位。格斗者以手搜查敌人口袋或腰部时，应格外留意，谨防敌人抓胳臂并将自己摔倒。
2. 经初步搜查后，便可将俘虏转移到后方地区，进行详细搜查。此时可命令敌人脱光衣服并检查他的全身。

4 持长枪搜查俯卧的俘虏

命令敌人俯卧,使敌人双臂朝前方伸直,两手靠在一起(见图221),两腿挺直,双脚靠拢。枪身直立,枪口对准敌人的脊椎处;右手抓握枪颈,食指扣住扳机。搜查完敌人后身之后,即令敌人翻过身来,以便搜查他的前身。搜查时枪口对准敌人的腹部,枪口插在他的衣内,以免滑脱。持手枪时,也可采用俯卧搜查的方法,但搜查时,手枪应置于腰际。对不会讲英语的俘虏,还必须用手势命令敌人。

图 221 俯卧搜查法

5　持长枪搜查跪下的俘虏

当俘虏被强令双手抱住后脑勺并跪下时（见图 222），他为了不至于失去平衡，不得不使身体前倾。如果搜查他的左侧，应右手持枪，枪口顶住他的后背，左腿位于敌人两腿之间，并用膝盖顶住他的臀部，这样做是为了在必要时，可以迅速用左膝迫使其前倾。如果搜查敌人的右侧，则左手持枪，右腿置于其双腿之间，并以膝盖顶住敌人的臀部。持手枪对敌人搜身时，也可采用此方法，但在搜查时须将拿手枪的手放在自己的腰际。

图 222　跪姿搜查法

6　持手枪搜查斜倚的俘虏

当强令俘虏双手搭在一起，扒在墙壁、树干、栅栏、车辆或其他直立的物体上时，还应命令敌人双脚交叉，尽量后退伸直，以使他的身体失去平衡。如果搜查敌人的左侧，应将自己的左脚放在俘虏双脚前，拿手枪的手放在自己的右腰部（见图223）。如俘虏企图移动，即可向外勾拨他的脚。搜查俘虏右侧时，则左手握枪，右脚放在他的脚前。

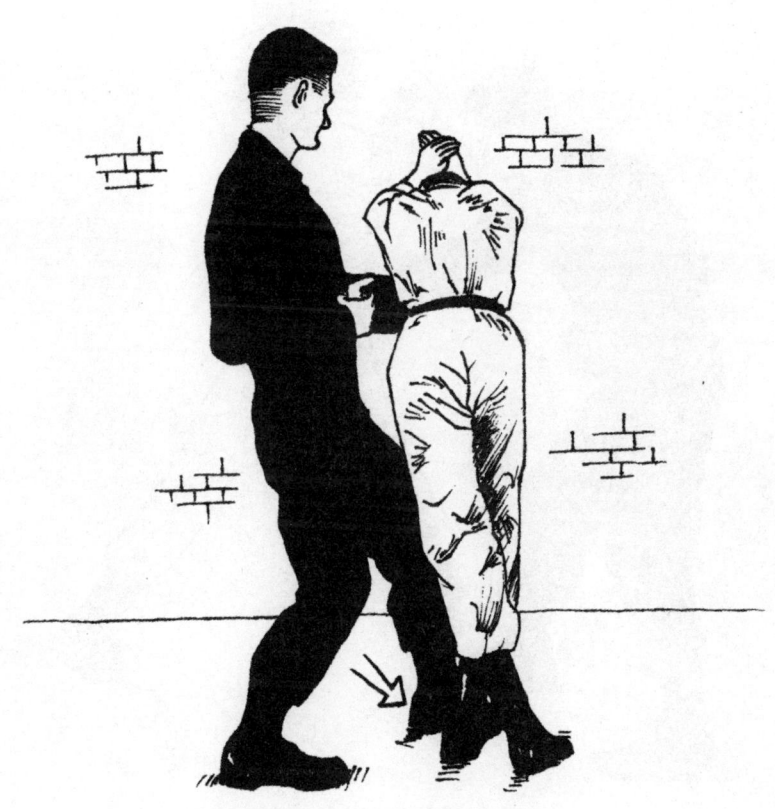

图 223　斜倚搜查法

7 持手枪搜查站立的俘虏

1. 命令俘虏双腿远远叉开站立,并将两手交叉放在头顶(见图224)。

图224 站立搜查法(1)

2.当向俘虏靠拢去搜查他的前身时,左脚应顶住他的脚后跟,侧身护住裆部(见图225)。搜查者应始终保持警惕。

图 225 站立搜查法(2)

8 对多名俘虏进行搜查

如果有一支手枪,即可运用本节叙述的任意一种方法,对多名俘虏进行搜查。不过,在搜查敌人暗藏的武器时,切勿放松对其他俘虏的监视。

1. 斜倚搜查法

(1)当采取这种方法时,应右手握枪,并从第一名俘虏的左侧开始搜查(见图226)。

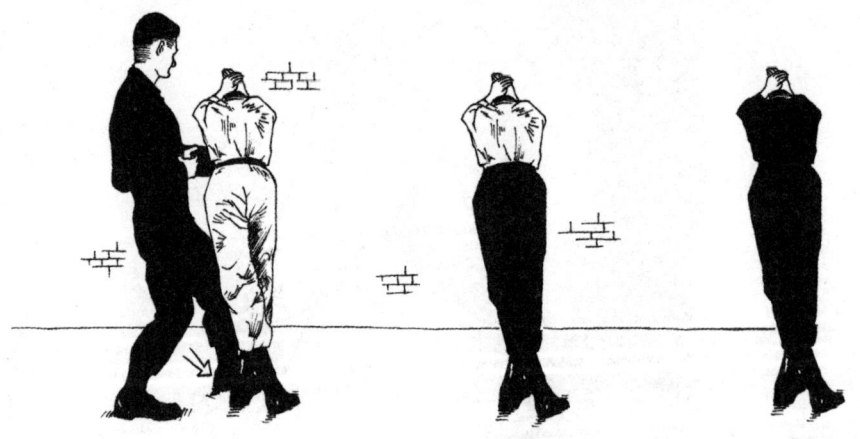

图226 用斜倚法对多名俘虏搜查(1)

（2）搜查完第一名俘虏时，便命令他转移到最后一名俘虏的右侧，仍保持原来斜倚的姿势；然后再依次从左侧开始搜查其余的俘虏（见图227）。

（3）对所有俘虏的左侧搜查完毕后，就开始搜查他们的右侧。搜查时左手握枪，并依次搜查每个俘虏。搜查完第一个，便命令他以原来姿势斜倚在最末一名俘虏之后。

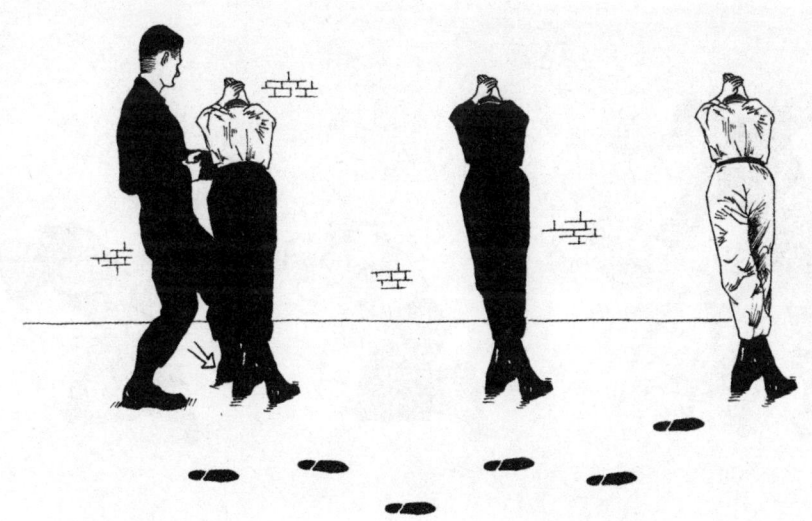

图227　用斜倚法对多名俘虏搜查（2）

2. 跪姿搜查法

（1）应命令俘虏以同样的跪地姿势，排成纵行，相互间距离约 4~5 步远（见图 228）。

图 228　用跪姿搜查法对多名俘虏进行搜查（1）

（2）首先搜查纵行的最后一名俘虏，搜查完毕便命令他移至纵行的前面，并保持原来的跪地姿势（见图229）。然后依次类推。如果单独一人执行任务，而且拥有一支长枪，那么这种搜查方法最为适用。

图229　用跪姿搜查法对多名俘虏进行搜查（2）

第十五章

捆绑俘虏

捆绑，是控制俘虏最有效的办法。捆绑俘虏时，可用撕破的衣服、鞋带、武装带或者领带、手巾、破布条等。如果一个侦察员担负着捕俘的任务，他就必须随身携带绳子或柔软的电线。

243 ／概述
243 ／腰带捆绑法
246 ／鞋带捆绑法
249 ／牵引捆绑法
250 ／捆猪法
251 ／手巾钳口法
252 ／棍棒堵口法
253 ／胶布堵嘴法

1 概述

捆绑,是控制俘虏最有效的办法。捆绑俘虏时,可用撕破的衣服、鞋带、武装带或者领带、手巾、破布条等。如果一个侦察员担负着捕俘的任务,他就必须随身携带绳子或柔软的电线。

2 腰带捆绑法

1. 取下俘虏的腰带并命其俯卧;反剪俘虏的双臂;将腰带末端朝他的头部、腰带扣朝他的脚放置;握住腰带扣,将腰带缠绕数次,牢牢捆住处于下方的手腕;将腰带末端与俘虏脊梁骨平行,并捆绕他放在上面的手腕(见图230)。

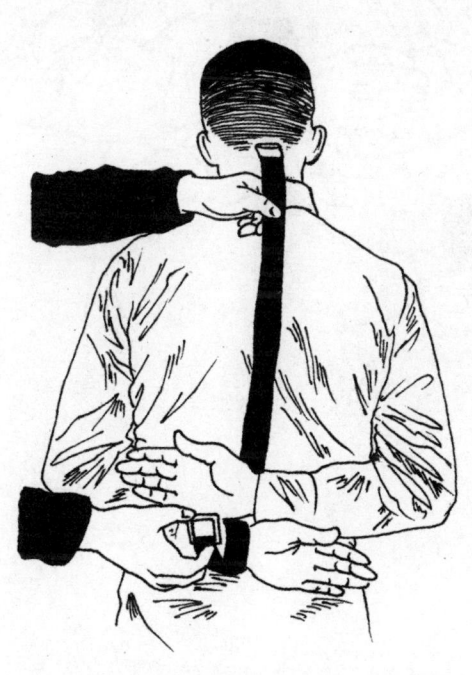

图 230 腰带捆绑法(1)

2.用腰带将俘虏上面的手腕缠绕数次。捆绑时,务必将俘虏双臂尽量靠拢,并尽可能扎牢固(见图231)。

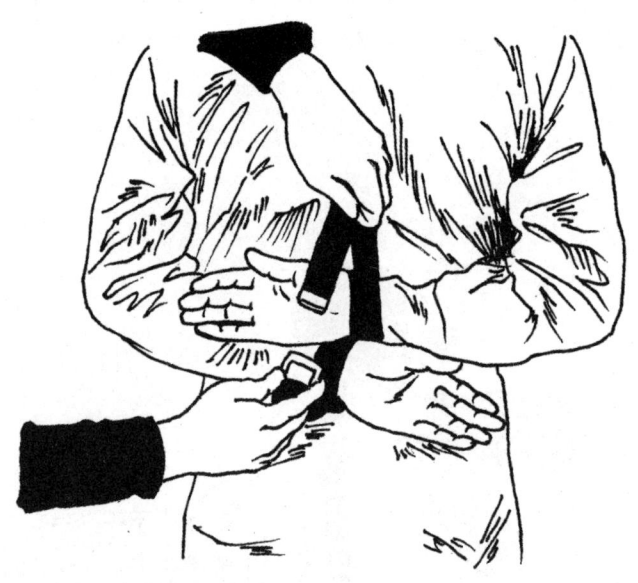

图 231　腰带捆绑法(2)

3.腰带穿过腰带扣扣紧(见图232)。尽管这是一种有效的捆绑方法,但必须在对俘虏进行严密监视的情况下才能采用。

图232 腰带捆绑法(3)

3 鞋带捆绑法

1. 应准备两根长度各约 70 厘米的鞋带，或一根长约 183 厘米的皮靴带。也可令俘虏解下他的鞋带或靴带。采用鞋带捆绑法既可将俘虏双手正捆在他的胸前，也可反捆在他的背后，而捆在背后则更为有效。捆绑时，反剪他的双臂，使他的手背相对，两腕紧挨；以一根带子将敌人双腕紧缠数道，然后在两腕间的带环上再捆扎，以加固外带环；将带子两端合在一起打上结（见图 233）。

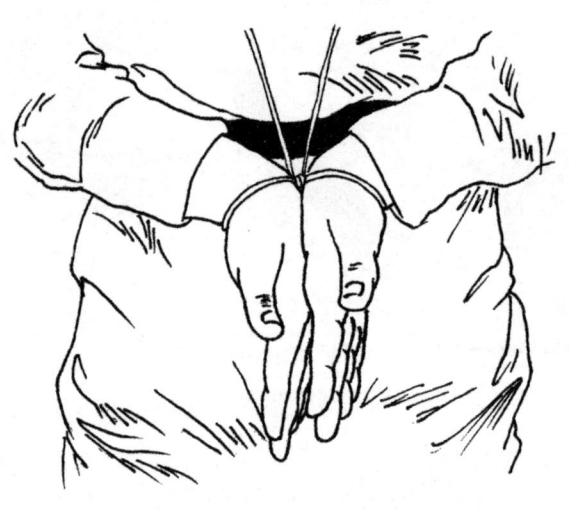

图 233　鞋带捆绑法（1）

第十五章　捆绑俘虏　247

2.第二步,用另一根带子的末端将俘虏的两个小手指捆在一起,再用带子的其余部分在捆腕的带环上绕过,并捆住他的拇指。当用第二根带子捆绕敌人手腕和捆扎他的拇指时,务必拉紧并捆结实(见图234、235)。

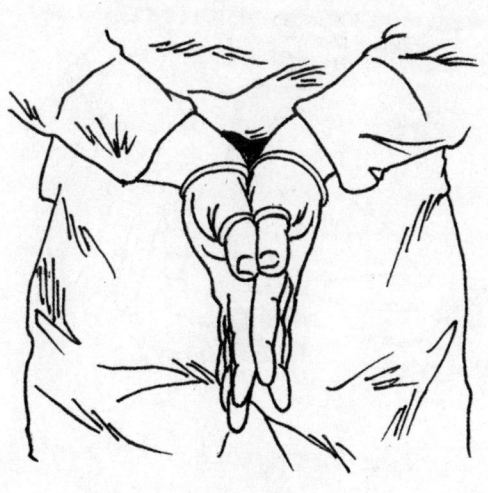

图234　鞋带捆绑法(2)

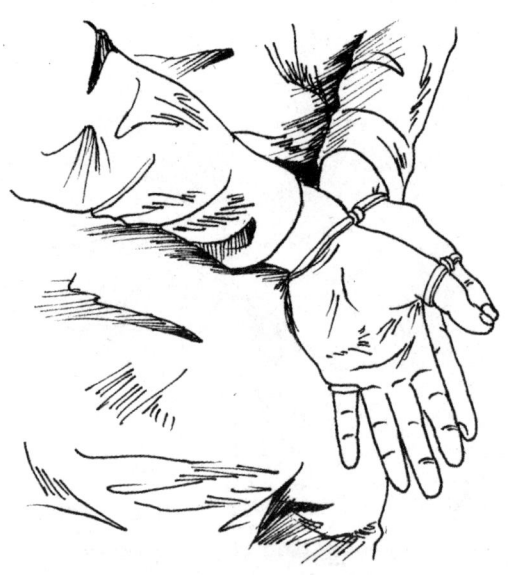

图 235　鞋带捆绑法（3）

4 牵引捆绑法

　　采用这种捆绑法，须有一条绳子或两根长靴带。让俘虏脸朝下卧倒，将他的双手反捆在背后，打好结。捆绑时，要尽量将他的双臂向后上方拉。将绳子或带子绕过他的脖颈，并且缠绕在他的手腕上。套脖子的绳要尽量缩短，以迫使俘虏为减轻对咽喉的压力，而将胳臂向上提起（见图236）。这样就能很容易地牵住绳子，押走俘虏。

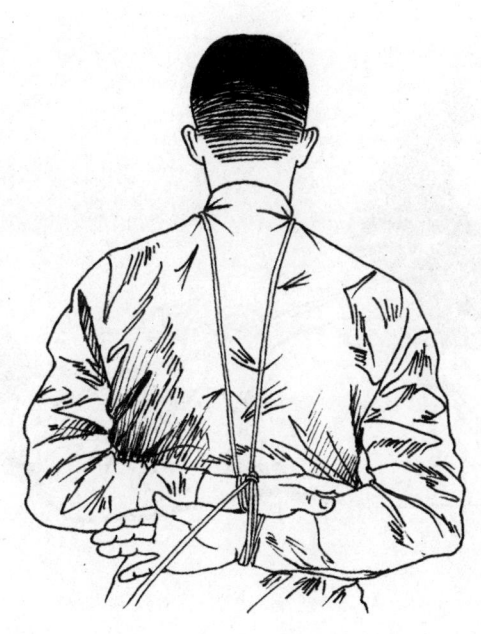

图 236　牵引捆绑法

5　捆猪法

用牵引法将俘虏捆绑好（如图 236 所示）。将他的双腿向后折叠，并用绳子捆住他的脚关节，使他的双腿固定在一个位置上。这样，如果俘虏企图作任何挣扎，带来的结果就是绳子勒得更紧。只要捆绑得法，俘虏将永难逃脱（见图 237）。

图 237　捆猪法

6 手巾钳口法

钳制俘虏的嘴巴,可制止他大声喊叫。具体做法就是将手巾或布条使劲塞堵俘虏的嘴巴(在没有手巾等物的情况下,塞一把乱草也行),而后用手巾捆住他的嘴(见图238)。

图 238 手巾钳口法

7　棍棒堵口法

如果没有布条，也可用一根木棒堵住俘虏的口。具体做法就是往俘虏嘴里横塞一根木棒，强迫他像马衔嚼子一样咬住，然后用鞋带绕过他的脖颈捆扎木棒两头（见图239）。

图 239　棍棒堵口法

8 胶布堵嘴法

在俘虏嘴上横贴几条胶布（见图240）。胶布的宽度不得小于2.54厘米，长度不得小于12.7厘米。粘贴胶布前，向俘虏的嘴里塞条手巾、一把草或一些布条，收到的效果更好。

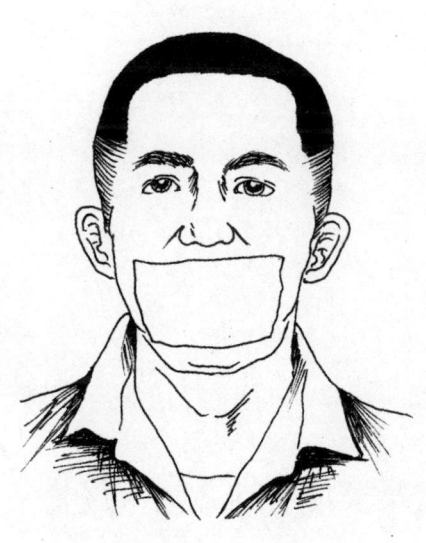

图240 胶布堵嘴法

附 录

255／徒手格斗教练须知
教练员——一般的安全措施—特殊的安全措施

徒手格斗教练须知

一、教练员

教练员必须具备良好的身体素质,并能掌握本教材中叙述的所有动作;无论何时他都要有高度的热情、充沛的精力和激励所有受训人员的领导能力。他必须训练一些辅助教练员,以严格地监督练习活动,并示范高难度的动作。

二、一般的安全措施

在徒手格斗训练时,必须严格执行下列安全措施:

1. 严格而不间断地监督所有练习活动,不得有半点疏忽。
2. 练习前应进行充分讲解和示范,使学员了解每一个动作。
3. 在学习阶段,教练讲授动作之前,不得让学员首先试做,以避免发生意外事故。
4. 在学习和完善技术阶段,假想敌不宜做反击动作,以便使受训者按教材所讲的方法完成动作。
5. 要有宽敞的练习场地。两人对练的场地宽度和长度均不得小于2.5米。
6. 学员的口袋里不得装任何东西,练习前,应取下贵重物品、金属证章或眼镜等。

三、特殊的安全措施

1. 易伤部位:应告诫学员在练习活动初期,只能轻轻地打击易伤部位。随着学员搏击技能的不断提高,才能逐步增强打击力量,但不得过分用力,以避免损伤。

2. 倒地、摔跤和擒拿:

(1)在练习擒拿时,要给学员规定一个停止扼压动作的信号。尤其在进行锁喉练习时,所有学员都应通晓这个信号。信号可以用拍打对方来表示。

(2)在开始训练之前,一定要让每个学员都做好准备活动。

(3)在练习摔跤之前,先教授倒地姿势。

（4）在学员熟谙擒拿技术之前，告诫他们在练习时动作一定要轻。

3.缴械

（1）在练习夺刺刀的方法时，步枪的刺刀一定要牢牢地套上刀鞘（见图241、242）。

（2）在教授夺刺刀时，可用搭帐篷的桩子或刺刀鞘来代替刺刀。

（3）在进行夺枪练习时，告诫持枪的学员不要将手指扣在步枪或手枪的扳机护圈内。

图241　刀鞘必须紧套在刺刀上（1）

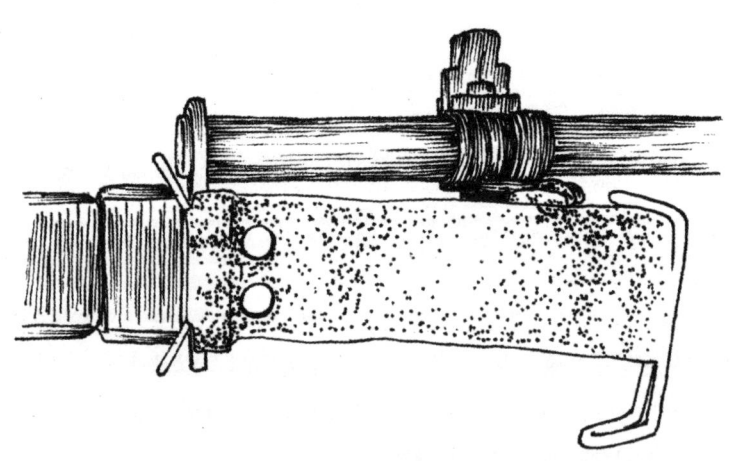

图242　刀鞘必须紧套在刺刀上（2）